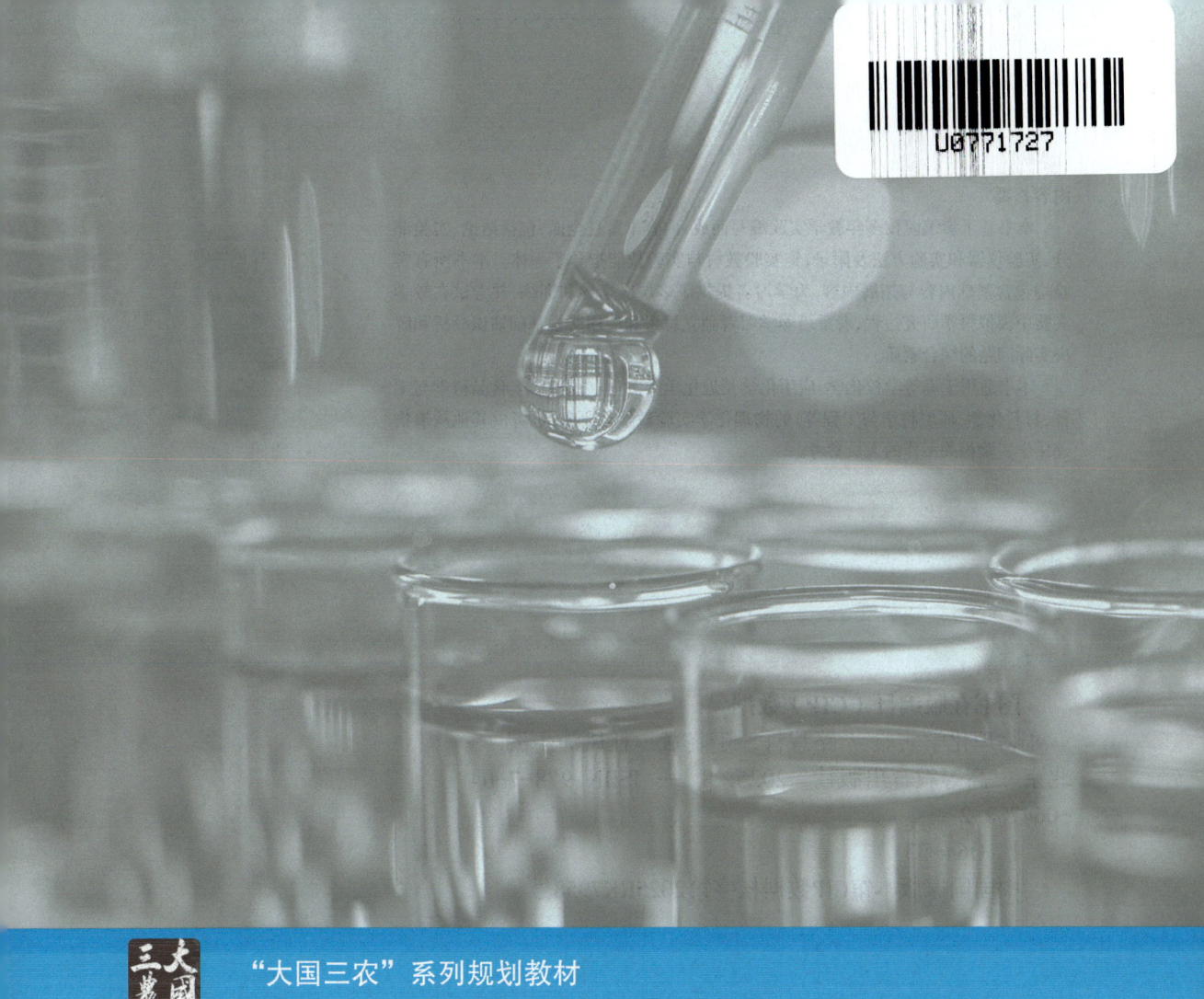

"大国三农"系列规划教材

# 物理化学实验

主　编　路慧哲　于晓斌　杜凤沛

中国教育出版传媒集团

高等教育出版社·北京

内容提要

　　本书基于参编院校多年教学实践编写而成,内容丰富且全面,包括绪论、实验部分、实验仪器和实验方法及附录,集实验教材与实验技能指导于一体。本书所有实验均包含基础内容与拓展内容,为学习者提供了多层次指导和训练,并尝试在教学实验中模拟科学研究过程,着重培养学习者独立思考和应用所学基础知识分析和解决实际问题的综合素质。

　　本书适用于高等学校化学、应用化学及近化学类专业(生物科学、食品科学与工程、材料化学、环境科学与工程等)的物理化学实验教学与研究,也可供其他从事物理化学实验相关工作的人员参考。

**图书在版编目（CIP）数据**

　　物理化学实验 / 路慧哲，于晓斌，杜凤沛主编.
北京 : 高等教育出版社，2025. 8. -- ISBN 978-7-04
-064782-2

　　Ⅰ. O64-33

　　中国国家版本馆CIP数据核字第2025RK7958号

WULI HUAXUE SHIYAN

| 策划编辑　郭新华 | 责任编辑　郭新华 | 封面设计　张　志 | 版式设计　明　艳 |
| 责任绘图　马天驰 | 责任校对　刘娟娟 | 责任印制　刘弘远 | |

| | | | |
| --- | --- | --- | --- |
| 出版发行 | 高等教育出版社 | 网　　址 | http://www.hep.edu.cn |
| 社　　址 | 北京市西城区德外大街4号 | | http://www.hep.com.cn |
| 邮政编码 | 100120 | 网上订购 | http://www.hepmall.com.cn |
| 印　　刷 | 唐山市润丰印务有限公司 | | http://www.hepmall.com |
| 开　　本 | 787mm×1092mm　1/16 | | http://www.hepmall.cn |
| 印　　张 | 9.5 | | |
| 字　　数 | 180千字 | 版　　次 | 2025 年 8 月第 1 版 |
| 购书热线 | 010-58581118 | 印　　次 | 2025 年 8 月第 1 次印刷 |
| 咨询电话 | 400-810-0598 | 定　　价 | 25.90元 |

# 《简明物理化学》及《物理化学实验》系列教材
## 编写委员会

# 前　　言

　　本书由中国农业大学联合吉林农业大学、南开大学、北京林业大学、上海海洋大学、东北林业大学,在总结多年教学实践与改革基础上,借鉴和吸收实验教学的新理念、新方法编写而成,可用作农学、医学相关专业及化学、应用化学、食品科学与工程、环境科学与工程、材料化学等专业的物理化学实验教材,也可供大专院校从事物理化学实验相关工作的人员参考。

　　物理化学实验是物理化学教学的一个重要组成部分,综合了化学领域中各分支学科所需要的基本操作技能和基本研究方法,承接理论课教学的补充和诠释,在基础化学实验中占有非常重要的地位。教材作为教学的重要载体,是课程改革的一个重要的环节,与教学质量的提高息息相关。本书的编写内容涵盖了物理化学的主要学科分支,包括热力学、动力学、电化学、胶体与表面化学、计算化学等。在实验内容的安排上,兼顾学科知识层次、具体方法层次、方法综合层次以及方法创新层次,将实验内容设计为基础部分与拓展部分。我们对于实验内容的编排,旨在使学生既能掌握事实性知识和概念性知识,说明相关概念、原理和注意事项,又能够利用程序性知识、按照规程实际操作仪器设备完成实验,同时也使学生能够根据任务要求,综合设计并完成实验,对实验结果进行分析讨论,得出有效结论。基础实验辅以拓展实验加强了实验教学的方法创新层次,促进学生领悟实验本质、改进或者创新测量的原理和方法以进行应用拓展,最终达成学习上的元认知,从而有效实现对于学生基本操作能力、科学研究能力、综合创新能力的培养。

　　当下富媒体的环境为教学资源网络一体化提供了必要的支撑条件,纸质教材与数字资源正走向全面融合。顺应这一主流趋势,本书采用新形态形式,以纸质教材为核心,辅以二维码,链接所有实验的操作视频,为学生的学习提供可互动的、开放的学习平台,以期调动学生的学习热情,激发学生的自主性和能动性,提高教学效果。

　　扬州大学沈明教授为本书提出了细致全面的修改意见与建议,高等教育出版社对本书的编写和出版给予了大力支持,在此一并表示衷心的感谢。

由于水平有限,书中问题和错误在所难免,敬请有关专家与广大读者批评指正。

编者

2024 年 9 月于中国农业大学

# 目 录

# 1 绪论

## 1-1　物理化学实验的目的和要求

物理化学实验作为基础实验课程,通过实验现象的观察和测量,实验数据的综合和分析,揭示化学现象的本质与规律。本课程通过典型的和具有实用性的物理化学实验,使学生能够掌握物理化学的基本实验方法和技能,学会重要的物理化学性质的测定原理,强化理论学习效果,巩固和加强对物理化学基本原理的理解,提高灵活运用物理化学理论知识的能力。同时,课程也训练学生认真观察实验现象,正确记录实验数据,正确处理数据、分析和归纳实验结果的能力,培养学生严谨的科学态度和实事求是的工作作风,激发学生对于科学研究的兴趣,增强创新意识与创新能力。

基于上述目的,本课程要求学生以严谨求实的态度,严格按照以下要求完成每一个实验环节。

### 一、实验预习

实验前要仔细阅读实验教材及教科书相关内容、观看实验相关视频,了解实验的目的、原理和方法,简要草拟所用仪器的操作方法、实验安排和测量数据的记录简表,完成预习报告。

### 二、实验过程

(1) 进入实验室后先按仪器使用登记表核对仪器,如有短缺或损坏,应立即提出,以便补充或修理。

(2) 仪器装置和线路安装好后,须经教师检查无误,方能接通电源进行实验,不得擅自实验或拆卸。

(3) 严格按操作规程进行实验,不得随意改动;对于不熟悉的仪器及设备,应仔细阅读使用说明及注意事项,请教指导教师;实验过程中如遇仪器损坏,应立即报告教师,检查原因,并登记损坏情况。

(4) 在实验过程中,要认真观察实验现象,记录数据,分析和思考所遇到的问题;遇有异常现象,应求助教师,和教师一起分析原因;保持实验室的整齐、清洁;时刻保持安全意识,注意节约药品与蒸馏水；遵守秩序，禁止喧哗；尊重教师及实验室工作人员的指导。

(5) 实验完毕，应将原始数据交教师审核，合格后再拆卸实验装置，不合格者需补做或重做；然后切断电源，整理仪器归位，清洁实验台，方可离开实验室。

(6) 安排班级值日生，最后打扫实验室，处理废液缸，切断电闸，关闭门窗。

### 三、实验报告

实验报告是整个物理化学实验中重要的环节，是学生对实验过程进行整理和反思的过程，要体现完整性、规范性、科学性；处理数据应独立进行，认真计算，仔细处理各项数据；书写实验报告要注意分析研讨问题，字迹清楚，文字通顺，条理分明；学生须在规定时间内独立完成实验报告，严禁两人合写报告。报告要真实反映实验结果，反对伪造数据等不良行为。

物理化学实验报告一般应包括：

(1) 实验题目、日期、室温、大气压，实验者和同组实验者的班级、姓名、学号。

(2) 实验目的及原理。简要地说明实验原理、方法及研究对象。

(3) 实验仪器装置和试剂。用简图表示，并注明各部分的名称和仪器型号；列出主要的试剂。

(4) 实验步骤的要点。写出与指导书上不同之处或自己设计的步骤，若与指导书上内容完全相同，则写出摘要。

(5) 实验数据及数据处理。实验数据尽可能采用表格形式表示；作图必须用坐标图纸，并标明坐标及图名；绘制曲线要用曲线板；数据处理和作图应按"实验数据的处理方法"中的规定进行；实验结果处理部分必须写出必要的计算公式及公式中已知常数的数值，注意各数值所用的单位。

(6) 问题及讨论。问题及讨论是报告中很重要的一项，主要对实验中所观察到的重要现象、实验原理、操作步骤、实验方法设计、实验仪器的选择及误差来源进行分析讨论，也可对实验方法、操作步骤、仪器装置提出建设性的改进意见。

(7) 实验的补做。实验报告经指导教师批阅后，如认为有必要重做，应在指定时间补做，未经指导教师许可不得任意补做实验。

实验报告一律采用统一的实验报告纸，图纸应贴在报告纸上，并附上数据的原始记录。

## 1-2　误差分析与实验数据处理

### 一、误差分析

在实验的测量过程中难免产生误差，所用仪器、实验方法、实验者操作等均可产生误差，任何实验都不可能测得一个绝对准确的数值,只有知道结果的误差,才能了解结果的可靠性。为了认识误差的起因及正确估计误差的程度,有必要对误差理论作简单介绍。

**1. 误差类别**

在物理化学实验中,由于仪器的不完善,观察者的个人倾向或不能完全使实验条件保持一致等,重复实验的结果各不相同。实验误差可分为系统误差、偶然误差、过失误差。

(1) 系统误差。这种误差是一定原因引起的,它使测量结果恒偏大或恒偏小,其数值或是基本不变,或是按一定规律而变化。系统误差主要由下列因素引起:

1) 仪器因素。由于仪器结构上的缺陷而产生误差。如仪器示值数部分的刻度划分得不够准确;天平的两臂不等或重力传感器的误差;仪器长久使用后由机械磨损等引起测量误差等,以及电子仪器的电路设计和信号处理转换的准确性等引起的测量误差。这类误差可以通过检定的方法来校正。

2) 试剂因素。在化学实验中,试剂中杂质的存在有时会给结果带来严重影响,因此注意试剂的纯度是很重要的。

3) 个人因素。实验者往往在读数时,习惯性地偏高或偏低;鉴别颜色时偏深或偏浅。这种误差需要实验者经过一段时间的训练后,方可逐渐减小。

4) 方法因素。实验方法的理论在实验中难以完全实现;理论依据不完整;所用公式近似处理。这些情况造成的误差仅能随着理论和技术的发展而减小和消除。

系统误差总是以相仿的数值、同一符号(正值或负值)出现,相同条件下重复多次实验无法得到消除,但可以通过测量前对仪器进行校正或更换,选择合适的实验方法,修正计算公式等措施来减小系统误差。只有不同实验者用不同校正方法、不同仪器所得数据相符,才可认为系统误差基本消除。

(2) 偶然误差(或称随机误差)。即使系统误差产生的各种原因已被校正,但在同一条件下,以同等精确程度对某一个量进行重复观察时,仍会发现测定值间存在或大或小的差异。产生偶然误差的原因很多,譬如在估计仪器分度时读数的偶然偏大或偏小;控制滴定终点的指示剂颜色稍有不同;各种实验仪器的稳定性和重现性的扰动,等等。偶然误差是不可避免的。但对每个实验者来说,偶然误差的数值变化服从概率定律,可大可小,符号亦可正可负,即正误差(实验数据大于真值)与负误差(实验数据小于真值)出现的概率相同。因此,根据偶然误差的变化规律,可通过增加重复实验次数,使其平均值归零。

(3) 过失误差。过失误差的起因是操作者粗心大意、操作不正确,此类误差无规律可循,须规范、细心操作方能避免。

除上述误差外,有时还可能由于某些意外因素产生误差,例如外界条件突然改变(如电源电压的变动、空气流动等),如果在实验中发现这些误差,应及时进行纠正,否则应该在对所得数据进行正确处理的过程中弃去。

**2. 绝对误差与相对误差**

假设重复测量某一量值得：$a_1, a_2, a_3, \cdots, a_i, \cdots, a_n$，若其实际真值为 $x$，则显然每一个测量中都含有单独测量的误差 $\Delta a$：

$$\Delta a_1 = a_1 - x$$
$$\Delta a_2 = a_2 - x$$
$$\Delta a_3 = a_3 - x$$
$$\cdots\cdots\cdots\cdots$$
$$\Delta a_i = a_i - x$$
$$\cdots\cdots\cdots\cdots$$
$$\Delta a_n = a_n - x$$

其一般通式可写为

$$\Delta a_i = a_i - x$$

由于 $x$ (实际) 值并非已知，所以不能求出 $\Delta a_i$ 实际值。在 $n$ 次测量的情况下将各误差量相加，得

$$\sum_{i=1}^{n} \Delta a_i = \sum_{i=1}^{n} a_i - n \cdot x$$

$$x = \frac{1}{n} \sum_{i=1}^{n} a_i - \frac{1}{n} \sum_{i=1}^{n} \Delta a_i \tag{1-2-1}$$

显然，从理论上分析，在正误差和负误差概率相等的情况下，当 $n$ 增加时，等式右边第二项趋近于零，因此可以把几次测量的算术平均值看作实际值 $x$，亦即

$$x = \lim_{n \to \infty} \left( \frac{1}{n} \sum_{i=1}^{n} a_i - \frac{1}{n} \sum_{i=1}^{n} \Delta a_i \right) = \frac{1}{n} \sum_{i=1}^{n} a_i = \bar{a} \tag{1-2-2}$$

因此可以把几次测量的算术平均值 $\bar{a}$ 看作实际值 $x$，于是单独测量误差的计算公式为

$$\Delta a_i = a_i - \bar{a} \tag{1-2-3}$$

$\Delta a_i$ 称为绝对误差。

绝对误差计算值可以为正，也可以为负，但它不能使我们看出整个实验的准确程度，实验中很少应用其来表示测量结果的好坏。

绝对误差的平均值可以用下式表示：

$$\Delta \bar{a} = \pm \frac{1}{n} \sum_{i=1}^{n} \Delta a_i \tag{1-2-4}$$

其中 $\Delta a_i$ 是表示误差的绝对值，而前面的 ± 表示正或负误差的出现概率相等。相对误差是绝对误差的平均值与所测量的真值 (即其算术平均值) 之比，即

$$\frac{\Delta \bar{a}}{\bar{a}} = \pm \frac{1}{n \cdot \bar{a}} \cdot \sum_{i=1}^{n} \Delta a_i \tag{1-2-5}$$

例如，在测量 50 cm 长度时的绝对误差平均值为 ± 0.01 cm，相当于 0.01/50 = ± 0.000 2 即

0.02% 的相对误差。在同样的测量精度下如果有 ±0.01 cm 的绝对误差,则在测量 1.00 cm 的长度时,相对误差将为 ±0.01(1%),为第一种情况的 50 倍。

由此看出,相对误差更能反映测量结果的可靠性,相对误差比绝对误差更能鉴别实验的准确度。

## 二、实验数据处理与表示方法

### 1. 有效数据运算规则

0~9 统称为数字。一个数量的各个数字,除用来表示小数点位置的"0"(紧随小数点之后的0)之外,这个数量中只有它的最后一位数字是由估计而求得的,其余的均为可靠的数字,则这个数量的各个数字总数便称为有效数字。

例如,0.266 有三位有效数字,0.000 369 0,0.369 0 都是四位有效数字,其中末位的 6 或 0 是测量估计值,是不可靠的数字,假若一个数为 3 690,那么这后面的"0"就很难确定究竟是有效数字还是表示位数,所以习惯上用科学数字表示法来表示,以避免这种混淆。如果上面的数写为 3.690,那么就表示有效数字是四位,最后的 0 是可疑数值,但若写成 $3.69 \times 10^3$ 则表示有效数字是三位,最后的 9 是估计值。又如,光在真空中传播速度,如果写为 $2.997\ 76 \times 10^{10}$ 表示有效数字是六位,但若写成 29 977 600 000 就无法明确后面几个 0 的意义了。

物理化学实验有效数字运算可遵循的方法如下:

(1) 舍去多余无用的有效数字时可以采用四舍六入五成双的原则。

(2) 求几个数的和或差时,根据位数做比较,以所有有效数字中小数点后位数最少的作为标准,将其他数值这一位数以后的数字全部按四舍六入法取出,再进行加减。

例如,13.65+0.008 2+1.632,其中 13.65 小数点后的位数最少,故以 13.65 为标准计算,即 0.008 2 取 0.01,1.632 取 1.63。结果为 13.65+0.01+1.63=15.29。

(3) 在乘除计算中,可先按四舍六入法将各有效数字位数高的改为与运算的各数值中有效数字位数最少的一位相同,然后进行运算,结果的有效数字的位数也与此保留相同的位数。(有时可多保留一位,按情况而定,例如,$13.65 \times 0.008\ 2 \times 1.635 = 14 \times 0.008\ 2 \times 1.6 = 0.183$。)

(4) 在用对数进行运算时,所用对数表的位数至少应与各数中有效数字最少的位数相等或多一位。

(5) 在复杂的计算中,在未得到最后数据之前,在中间各步应持比原来有效数字多一位的保留方法,以免结果的累积误差太大,但最终结果应仍保持最少有效数字的位数。

### 2. 数据表示方法

(1) 列表法。在物理化学实验中,所有测量的物理量之间的关系,至少包括两个变量;从数学上可分为自变量和因变量。列表法就是将这两组变量的各个数值,有时包括实验结果的数据,依一定的形式和顺序对应列出,使全部数据一目了然,甚或从表格上就可清楚地看出二者的关系。这样便于处理运算、比较和检查。列表法应注意以下几点:

1) 每一个表都应有简明完整的名称。

2) 每一变量(组)应占表格中一行(或一列)。每一行或每一列的第一栏写上该变量的名称、数量单位和因次。

3) 每行中数字的排列要整齐(数字大小最好递增或递减),数字排列要整齐,位数和小数点应对齐,有效数字的位数要合理。

4) 表中的数值应化为最简单的形式表示,公共的乘方因子可在第一栏的名称下注明。

(2) 作图法。把实验和计算所得数据作图,更易进行数值比较,发现实验结果的特征。物理化学中许多理论规律是在处理实验数据基础上得来的,在处理数据时最常用的就是作图法。作图法是用图形来表示体系性质变化的规律,这一方法的优点是简明直观,能直接反映各物理量之间的关系;由图形可以找出所研究对象中的变化规律,如极大值点、极小值点、转折点、线性关系、周期性等重要性质;还可利用图形求面积、作切线、进行内插(在两变量的前提下,绘制直角坐标系中关系曲线,并根据图形找出函数中各中间值的方法)和外推(外推需满足条件:① 外推范围距实际测量的范围不能太远,且其测量数据间的函数关系是线性的;② 外推所得结果与已有的规律不可有抵触),确定经验方程式的常数等。使用作图法需注意以下要点。

1) 变量的选择。在两个变量中选定主变量与应变量,以坐标系横轴为主变量,纵轴为应变量,横轴与纵轴上的读数不一定从零开始,视具体情况而定,并确定坐标轴最大取值范围。

2) 坐标比例尺的选择。作图法选择坐标比例尺极为重要,若比例尺选择不当,会使曲线的某些特性如极大值、极小值、转折点等显示不清楚,甚至导致错误的结论。比例尺的选择一般应遵循下列规则:

a. 有效数字和坐标纸的大小。应能表示出全部有效数字,使从作图法测出各个量的精确度与测量时的精确度相一致,通常每小格应能表示测量值的最末一位可靠数字或可疑数字。

b. 比例尺的选择。应使每一点在坐标纸上的数值都能迅速方便地找到。因此,图纸坐标每小格(最小分度值)所代表的数值,一般应取 1、2、5 及其 10 倍数等值。

c. 曲线的走向。在满足上述条件下,还应考虑充分利用图纸的全部面积,坐标不必从零开始,务必使全图布局匀称合理,在双变量的处理过程中引入最小的绘图误差。

d. 若图形为直线或近似直线的曲线,则比例尺的选择应使其倾斜角接近于 45°。

3) 坐标轴的标注。比例尺选定后,画上坐标轴,在轴旁注明该轴所代表的物理量及单位。在横轴下面及纵轴左边,每隔一定距离写下该处变量的轴刻度尺标称值,以便作图及读数。一般不要将实验值写在轴旁或测量点旁。

4) 测量点的绘制。作曲线时,须先将测得的数值以几何点的形式描绘于图上,并在点的周围画上圆圈、三角、方块或其他符号(如〇、△、×、□等),其点周围符号面积的大小可相应代表测量的精确度。如若测量的精确度很高,圆圈等应绘制小些,反之,则应大些。

特别注意在一张图纸上,如有几组测量数据,需用不同的符号来表示,以示区别,并在图区空白等处加以注明。

5) 曲线的绘制。作出各测量点后,用直尺、曲线板或曲线尺作出尽可能接近于各点的曲线,曲线应光滑均匀,细而清晰。曲线不必通过所有点,但分布在曲线两旁的点数应近似相等。点和曲线间的距离,表示测量的"绝对"误差状况。理论上讲,应使曲线和实验点之间的距离的平方和为最小(即最小二乘法原理)。并且曲线两旁各点与曲线间的距离,也应近于相等,通常曲线不应当存在不能解释的间隙、自身交叉或其他不正常特性。

6) 坐标的变换。在所有的图形中以直线为最简单,若两个变数间(自变数与因变数间)呈直线关系,那么此两变数的关系可以用 $y=ax+b$ 来表示,$x$ 为自变数,$y$ 为因变数,$a$ 及 $b$ 为常数。常数 $a$ 及 $b$ 确定后即可以求出 $x$ 与 $y$ 的关系。如果两个变数并非直线关系也可以通过改换变量而呈直线关系。

例如,在物理化学中常碰到指数函数 $k=A\exp(-E/RT)$,则其自然对数的表达为

$$\ln k=-\frac{E}{RT}+\ln A \tag{1-2-6}$$

即转换为线性方程

$$y=ax+b \tag{1-2-7}$$

若以 $\ln k$ 为纵坐标,以 $1/T$ 为横坐标,也可以得到一直线。

又如理想气体状态方程 $pV=nRT$,经过变换绘制 $(p-1/V)$ 图可得直线关系。

7) 图名的标注。曲线完成后,应书写图名和主要的测量条件,如温度、压力等。

8) 其他注意事项。正确地选用绘图工具也是作好图的关键之一。作图所需的工具有铅笔、直尺、曲线板、曲线尺、圆规等。铅笔以使用中等硬度(如 1 H)为宜。

使用作图法时,有的实验结果不能简单地从上述所绘制的图形中直接读出。因此,从已得的图形或曲线来进一步计算与处理,以获得所需结果的技术是十分重要的。常用的图解技术有:内插、外推、计算直线的斜率和截距、图解微分、图解积分以及曲线的直线化等,其主要应用列举如下:

1) 求内插值。根据实验所得数据,以自变量作横轴,因变量作纵轴,绘出两变量间的关系曲线,可在曲线所示范围内,找出与某一变量相应的另一变量的数值。如工作曲线的应用。

2) 求外推值。在极限条件下,不能或不易由实验直接测得的一些物理量数值,可利用

测量数据间的线性关系,外推至测量范围以外,求得某一函数的极限值,这种方法称为外推法。

例如,强电解质无限稀溶液的摩尔电导 $\Lambda_{B,\infty}$ 值不能由实验直接测定,但可通过直接测定多个浓度较稀溶液的摩尔电导,应用强电解质溶液理论处理实验数据,然后作图外推至浓度为 0,即可得到无限稀溶液的摩尔电导。

3)图解微分。图解微分的中心问题是如何准确地在曲线上作切线。作切线的方法很多,以镜像法最为简便可靠:即若需在曲线的指定点 $Q$ 上作切线,可应用镜像法先作该点法线,再作法线的垂直线即切线。其方法可参见图1-2-1。

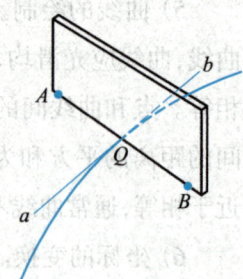

图1-2-1 作切线的镜像法示意图

取一有直边的平而薄的镜子垂直放在图上,使其边缘放在曲线的横断面上;然后绕 $Q$ 点转动,直到镜外曲线与镜像曲线成一连续光滑的曲线时,沿镜面边缘作一过 $A$、$B$ 两点的直线,此直线即为曲线在该点上的法线。通过 $Q$ 点作法线 $AB$ 的垂线即为该点上曲线的切线,如图1-2-1所示。求出切线的斜率,即微商值,可继续进行后续的数据处理。

从曲线的斜率求函数的微商,在物理化学实验数据处理中经常应用。例如,测定不同浓度溶液的表面张力后,须从表面张力 - 浓度曲线上作切线,求得一定浓度时表面张力随浓度的变化率 $\partial\sigma/\partial c$,然后通过吉布斯吸附等温式,计算吸附量。

4)求经验公式中的常数。若函数间有线性关系或经函数变换后具有线性关系,均可用作图法求出式中的常数。以阿伦尼乌斯方程为例:

$$k=A\cdot\exp\left(-E/RT\right) \tag{1-2-8}$$

两边取对数令其直线化($\ln k =\ln A-E/RT$),以 $\ln k$ 对 $1/T$ 作图,可得一条直线。由直线的斜率和截距,可分别求出活化能 $E$ 和指前因子 $A$ 的数值。

5)求函数的极值或转折点。这是作图法的最大优点之一,物理化学实验数据处理中求函数的极值或转折点,均采用作图法。例如,二元恒沸混合物的最低或最高恒沸点及其组成的测定;大分子电解质溶液的等电点测定等。

(3)数学方程法。一些实验数据用列表法或作图法处理后,有时还需用函数的形式将实验中各变量间的相互关系表示出来,这种方法称为数学方程法。该方法优点在于表达方式简单,也便于求微分、积分和内插值。另外,许多实验方程式中系数的数值,常对应于某一物理量,因此为了求得此物理量,将数据归纳总结为经验方程式,也是非常必要的。

当各变量间的解析依赖关系未知时,一般可按下列步骤寻求其数学关系式:

1)确定自变量和因变量,作图,绘出曲线。

2)将所得曲线形状与已知函数的曲线形状比较。

3）根据比较结果，应用坐标变换变量，重新作图，使原曲线线性化。

4）计算线性方程的常数。

5）若曲线无法线性化，可将原函数表示成自变量的多项式，即

$$y=a+b \cdot x+c \cdot x^2+d \cdot x^3+\cdots \tag{1-2-9}$$

应用测量数据进行数学拟合求各常数项。多项式次数的多少，以结果能表示的可靠程度在实验误差范围以内为准。

若已知变量间为直线关系时，可采用以下方法处理：

1）图解法。该方法是把实验数据以合适的变量作为坐标在直角坐标纸上作图，若得一直线，即可用线性方程式表示。

a. 可在原点坐标系中将直线延长交于 $X$ 轴和 $Y$ 轴，直接读取相应的常数项。

b. 在直线上取两点的坐标值，应用数学的两点法求得方程的斜率和截距；为减少计算误差，所取两点不宜相隔太近，一般在直线的两端附近选取直线上的点。

2）最小二乘法。最小二乘法是更为可靠的处理方法，该方法的基本思路是：最佳结果应能使标准误差最小，所以残差（数学方程计算值与测量值之差）的平方和应为最小。应用数学极值方法进行处理可得到相应的计算公式中的常数项。最小二乘法计算虽然比较麻烦，但得到的结果可靠，运用计算机进行数据处理较为简便。

（4）计算机软件的应用。计算机的使用越来越普及，相应的各种通用应用软件也很多，如 Excel、Word 和 WPS 等数据和文字处理软件，很多实验的测量数据可以采用计算机软件（如 Excel 等）处理并绘制简单的直线或曲线图，也可应用专用软件处理数据，如连接微机控制的或采集数据的实验，如微分溶解热实验，氧弹燃烧热实验或 B-Z 振荡反应实验等。

详细的内容和使用请参阅专业资料和专用说明书，在此简略。

## 1-3　物理化学实验的安全知识

化学是一门以实验为基础的科学，实验室安全一直受到广泛关注。物理化学实验的课程内容具有交叉学科的特点，涉及热力学、动力学、电化学、表面胶体与物理等方面的知识和基本原理，是一门理论和实践性都很强的基础训练课程。与无机化学、分析化学及有机化学等的基础实验相比，物理化学实验更注重于物质的物理化学性质的测定以及化学过程规律的解释，实验过程往往涉及恒温、高温、低温、高压、真空等实验环境，因此物理化学实验中除了常规的玻璃器皿及实验耗材以外，还需配备恒温槽、电加热设备、高压储气瓶、真空泵等仪器。以物质燃烧热的测定实验为例，实验仪器就包括氧气瓶、充氧器、氧弹量热计、压片机、数显控制箱、温度测定仪等，实验仪器繁多，学生在仪器的使用过程中出现不规范操作容易导致仪器的故障甚至带来火灾、爆炸、触电等安全风险。另外，物理化学实验也需要使用一

些危险化学药品,如强酸、强碱、强氧化剂、易挥发及有毒的试剂,它们一旦暴露在空气中,将会直接危害教师和学生的健康。因此对于物理化学实验室安全知识的熟悉与掌握非常重要。

## 一、用电安全事项

物理化学实验中往往要用到各种电器,安全使用电器才可以保证实验顺利完成。人体若通过 50 Hz、25 mA 以上交流电时会发生呼吸困难,100 mA 以上则会致死,因此,安全用电至关重要,在实验室用电时必须严格遵守以下事项:

(1) 不用潮湿的手接触电器。

(2) 所有电源的裸露部分要有绝缘装置。

(3) 认真阅读每种电器的使用说明。

(4) 实验时,应先连接好电路并由教师检查后才可接通电源;实验结束时,须先切断电源再拆线路。

(5) 修理或安装电器时,应先切断电源。

(6) 如有人触电,应迅速切断电源,然后进行抢救。

(7) 如遇电线走火,切勿用水或导电的酸碱泡沫灭火器灭火;应立即切断电源,用干沙或二氧化碳灭火器灭火。

## 二、化学药品安全事项

化学药品中存在不少有毒或剧毒种类,若使用不当,极易通过呼吸道、消化道和皮肤进入人体,对人体产生不同程度的伤害;可燃性气体与空气混合后,当两者比例处于爆炸极限范围时,适当的热源(如电器产生的电火花或静电火花)即会引发爆炸,因此,须严格遵守以下化学药品安全使用注意事项:

(1) 每次实验前须认真了解实验所用药品的性质及防护措施。

(2) 实验过程中应尽量避免化学药品与身体直接接触,禁止在实验室进食、饮水、抽烟,实验完毕认真洗手。

(3) 处理易挥发或易与空气产生爆鸣的化学物质,应选择在通风橱内进行;出现大量易爆气体时,严禁使用明火,杜绝一切可能产生电火花的因素。

(4) 存放有机溶剂的室内应杜绝明火、电火花、静电放电等因素,若遇上述物质起火应使用泡沫灭火器灭火。

(5) 妥善保管易自燃药品,有些金属被氧化后易燃,出现此类火情,应采用干沙灭火。

# 2 实验部分

## 2-1 恒温水浴的组装及其影响因素与性能评价研究

### 一、实验目的

1. 了解恒温水浴的构造及其工作原理,学会恒温水浴的装配技术;
2. 测绘恒温水浴的灵敏度曲线;
3. 掌握贝克曼温度计的调节技术和正确使用方法。

### 二、实验原理

在许多物理化学实验中,由于待测定的数据如黏度、蒸气压、电导、电动势、化学反应的速率常数等都与温度有关,因此,这些实验都必须在恒温的条件下进行,这就需要各种恒温的设备。通常用恒温槽来维持恒温。一般恒温槽的温度大都相对稳定,波动大约在 $\pm 0.1$ ℃,如果稍加改进也可以达到 0.01 ℃,要使恒温设备维持在高于室温的某一温度,就必须不断补充一定的热量,使由散热等引起的热损失得到补偿。恒温槽之所以能够恒温,主要是依靠恒温控制器来控制恒温槽的热平衡。当恒温槽的热量由于对外散失而使其温度降低时,恒温控制器就驱使恒温槽中的电加热器工作。待加热到所需要的温度时,它又会使其停止加热,使恒温槽温度保持恒定。

恒温槽的装置是多种多样的。它主要包括下面的几个部件:敏感元件,也称感温元件;控制元件;加热元件。感温元件将温度转化为电信号而输送给控制元件,然后由控制元件发出指令,让电加热元件加热或停止加热。

图 2-1-1 所示即是一恒温水浴装置。它由浴槽、加热器、搅拌器、温度计、感温元件、恒温控制器等组成。现分别介绍如下:

#### 1. 浴槽

通常用的是 10 dm³ 的圆柱形玻璃容器。槽内一般放蒸馏水,如恒温的温度超过了 100 ℃可采用液体石蜡或甘油。温度控制的范围不同,水浴槽中介质也不同,一般来说,-60~30 ℃时用乙醇或乙醇水溶液;0~90 ℃时用水;80~160 ℃时用甘油或甘油水溶液;

70~200 ℃时用液体石蜡、硅油等。

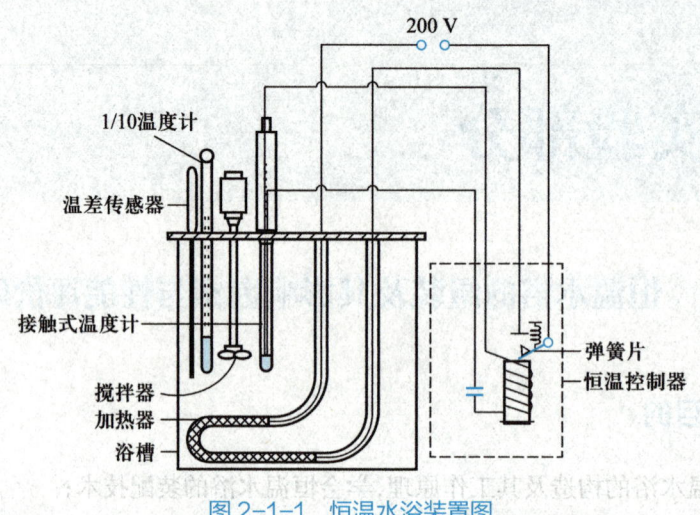

图 2-1-1　恒温水浴装置图

### 2. 加热器

常用的是电热器。把电阻丝放入环形的玻璃管中,根据浴槽的直径大小,弯曲成圆环制成。它可以把加热丝放出的热量均匀地分布在圆形恒温槽的周围。电加热器由电子继电器进行自动调节,以实现恒温。电加热器的功率是根据恒温槽的容量、恒温控制的温度及环境的温差大小来决定的。最好能使加热和停止加热的时间各占一半。

### 3. 搅拌器

一般采用功率为 40 W 的电动搅拌器,并将该电动搅拌器串联在一个可调变压器上用来调节搅拌的速率。搅拌器安装的位置、桨叶的形状对搅拌效果都有很大的影响。为此搅拌桨叶应是螺旋桨式的或涡轮式的;且有适当的片数、直径和面积,以使液体在恒温槽中循环,保证恒温槽整体温度的均匀性。

### 4. 温度计

恒温槽中常以一支 1/10 温度计测量恒温槽的温度,用贝克曼温度计测量恒温槽的灵敏度。所用的温度计在使用前都必须进行校正和标化。

### 5. 恒温控制器

实验室中常以超级恒温水浴恒温装置作为恒温控制器(温控仪)。它的感温元件是一支接触式温度计(也称导电表),如图 2-1-2 所示。该温度计的下半段类似于一支水银温度计,上半段是控制用的指示装置。下半段温度计的毛细管内有一根金属丝和上半段的螺母相连。它的顶部放置一磁铁。当转动磁铁时,螺母即带动金属丝沿螺杆向上或向下移动,由此来调节触针的位置。在接触式温度计中有两根导线、这两根导线的一端与金属丝和水银柱相连、另一端则与温度的控制部分相连。这种恒温槽的控温器是电子继电器,这个继电器实际上是一个自动开关,它与接触式温度计相配合,当恒温槽的温度低于接触式温度计所设定的温度时,水银柱与触针不接触。继电器由于没电流通道或电流很小,这时继电器中的电磁铁磁性消失,衔铁靠自身弹力自动弹开,将加热回路接通进行加热。反之则停止加热,这样交替地导通、断开、加热与停止加热,使恒温水浴达到恒定温度的效果。控温精度一般达 0.1 ℃,最高可达 0.05 ℃。

这种恒温装置属于"通""断"二端式控温,因此不可避免地存在着一定的滞后现象,如温度的传递,感温元件(接触式温度计)、继电器、电加热器等的滞后。所以恒温槽控制的温度存在一定的波动范围,而不是控制在某一固定不变的温度。灵敏度的高低是衡量恒温槽恒温优劣的主要标志。它不仅与温控仪所选择的感温元件、继电器、接触式温度计等灵敏度有关,而且与搅拌器的效率、加热器的功率、恒温槽的大小等因素有关。搅拌的效率越高,温度越易达到均匀,恒温效果越好。加热器的功率用可调变压器进行调节,以保证在恒温槽达到所需的温度后减小电加热的余热,减小温度过高或过低时偏离恒定温度的程度。此外,恒温槽装置内的各个部件的布局对恒温槽的灵敏度也有一定的影响。一般原则是:加热器与搅拌器应放得近一些,这样利于热量的传递。感温元件探头应放在合适的位置并与槽中的温度计相近,以正确地确定温控仪面板上的指示温度,并且不宜放置得太靠近边缘。

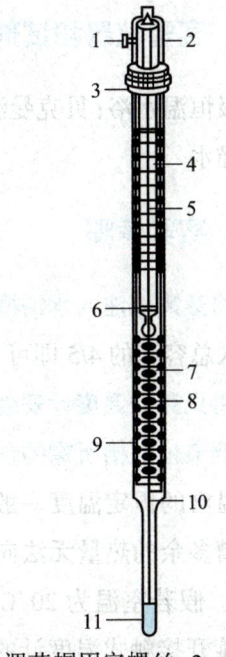

1—调节帽固定螺丝;2—磁性螺旋调节帽;3—接触金属丝引出线;4—温度调节指示标尺;5—温度调节指示螺母;6—导热金属针;7—温度标尺;8—可调金属丝触点;9—水银柱;10—导通金属丝;11—水银球

图 2-1-2　接触式温度计示意图

恒温槽灵敏度的测定是在指定温度下观察温度的波动情况。该实验用较灵敏的贝克曼温度计、在一定的温度下,记录温度随时间的变化。如记最高温度为 $t_1$,最低温度为 $t_2$,则恒温槽的灵敏度为

$$t = \pm \frac{t_1 - t_2}{2} \tag{2-1-1}$$

灵敏度常以温度为纵坐标、以时间为横坐标绘制成的温度－时间曲线来表示,如图 2-1-3 所示。图中是几种典型的控温灵敏度曲线,其中图 2-1-3(c)所示曲线表示加热器功率过大,热惯性小引起的较指定温度 $t$ 高的超调量;图 2-1-3(d)所示曲线表示加热器功率太小,或浴槽散热太快,引起较指定温度 $t$ 低的低调量;图 2-1-3(b)所示曲线表示加热器功率适中,但热惯性大引起的较指定温度 $t$ 高(或低)的超调量,需更换较灵敏的温度控制器;图 2-1-3(a)所示曲线表示加热器功率适当,热惯性亦小,温度波动小的较理想情况。由

于外界因素干扰的随机性,实际控温灵敏度曲线要复杂些。

### 三、实验仪器和试剂

超级恒温水浴;贝克曼温度计
蒸馏水

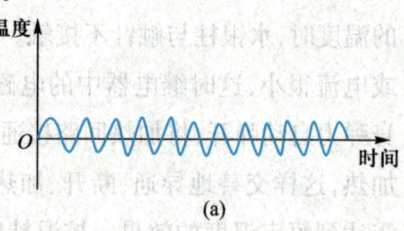

(a)

### 四、实验步骤

#### 1. 将蒸馏水注入水浴槽

注入总容积的 4/5 即可。

#### 2. 将贝克曼温度计安装在恒温槽上,并采零

#### 3. 调节恒温槽所需的恒定温度

恒温槽的恒定温度一般要比室温高 5 ℃ 左右(否则恒温槽多余的热量无法向环境散失,温度就难以控制恒定)。假若室温为 20 ℃,则恒温槽温度可调节至25 ℃。旋开接触式温度计的固定螺丝,旋动温度调节指示螺母使标铁指示略低于 25 ℃。经教师认可后插好电源,加热并搅拌,注意观察 1/10 温度计的读数,当达到 24 ℃ 时,需重新调节接触式温度计的标铁,至钨丝与水银处于刚刚接触与断开的状态(这一状态可由继电器的衔铁与磁铁的接触与断开来判断,一般是红灯亮表示加热,绿灯亮表示停止加热)。然后逐步旋转温度调节指示螺母,观察温度计的读数,当升至 25 ℃时,应是红、绿指示灯交替亮与暗,这时可固定温度调节指示螺母。

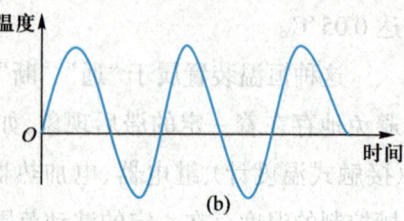

(b)

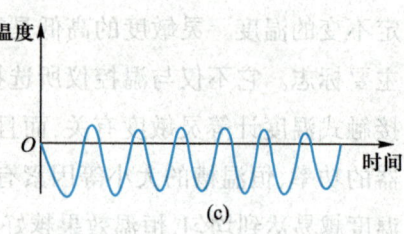

(c)

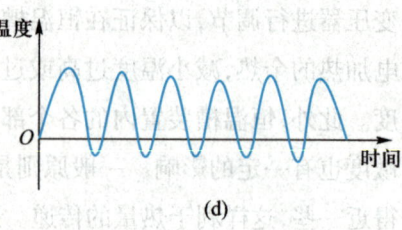

(d)

图 2-1-3    几种典型的控温灵敏度曲线

#### 4. 恒温槽灵敏度测量

待恒温槽温度在 25 ℃ 恒温后,观察贝克曼温度计读数,每隔 2 min 记录一次读数,约测 60 min,温度的变化范围要求在 ± 0.15 ℃ 之间。改变恒温槽温度,使其稳定在 30 ℃,用同样的方法测量恒温槽的灵敏度。

冬季室温较低,可做 20 ℃、25 ℃ 时恒温槽灵敏度测量;热季室温较高,可做 30 ℃、35 ℃时恒温槽灵敏度测量。

### 五、实验数据处理

1. 将实验测定的温度与时间列表。
2. 以时间为横坐标,温度为纵坐标,绘制控温灵敏度曲线。

3. 计算恒温水浴的灵敏度。

## 六、注意事项

1. 使用恒温槽需接地线。

2. 注入恒温介质必须适量,太满会外溢,不足则不起作用。用水作介质时,必须使用蒸馏水。

3. 当连接出水管时,须先关闭带搅拌器的水泵电机(即关闭"搅拌"开关)。否则水泵将槽体内水不断打出,会使水冲上台面。用毕应将出水管口和回水管口用橡皮管连上,以免再开"搅拌"开关时,水被泵打出来。

4. 高温下使用时,更换介质,同时更换控制器及温度计。

5. 使用完毕必须关闭电源开关,并整理清洁。

6. 在恒温控制调节过程中不能以接触式温度计的刻度当作温度读数,它只是一个粗略的指示。另外,当温度达到比设定的恒定温度低 1 ℃左右时,必须细致地调节。

## 七、思考题

1. 恒温槽恒温的原理是什么?

2. 如何提高恒温槽的灵敏度? 试加以分析讨论。

3. 恒温槽内各处的温度是否相等? 为什么?

# 2-2　纯液体饱和蒸气压的影响因素与规律研究

## 一、实验目的

1. 明确纯液体饱和蒸气压定义和气液两相平衡概念;

2. 用精密数字真空计测定不同温度下纯液体饱和蒸气压,初步掌握真空实验技术;

视频

3. 研究温度对纯液体饱和蒸气压的影响规律,掌握克劳修斯 - 克拉佩龙方程;

4. 掌握待测液体在实验温度范围内的平均摩尔汽化热和正常沸点的计算方法。

## 二、实验原理

在某一温度下,如果将纯液体置于一密闭真空容器中,该液体表面层的分子会逃逸变成蒸气,产生一定气压。随着表面层分子的不断逃逸,气压将越来越大。但同时,碰撞到液体表面层的一些分子可以凝结成液相,且随着气压的增大气体分子凝结成液相的速率将不断增大。当液变气和气变液两者速率相等时,体系达到平衡,气压达到最大值,不再改变,此时的蒸气压强即为饱和蒸气压。简而言之,在密闭条件中,在一定温度下,与纯液体处于相平衡的蒸气所具有的压强称为纯液体的饱和蒸气压。

纯液体的饱和蒸气压随温度的升高而增大。如果把气体看作理想气体,同时忽略液体的体积,纯液体的饱和蒸气压和温度之间的关系可以用克劳修斯–克拉佩龙(Clausius-Clapeyron)方程来表示:

$$\frac{\mathrm{d}\ln[p^*/\mathrm{Pa}]}{\mathrm{d}T}=\frac{\Delta_{\mathrm{vap}}H_{\mathrm{m}}}{RT^2} \tag{2-2-1}$$

式中,$p^*$ 为纯液体在温度 $T$ 下的饱和蒸气压(Pa);$\Delta_{\mathrm{vap}}H_{\mathrm{m}}$ 为纯液体的摩尔蒸发焓($\mathrm{J\cdot mol^{-1}}$);$R$ 为摩尔气体常数($8.314\ \mathrm{J\cdot mol^{-1}\cdot K^{-1}}$)。若温度变化范围不大,$\Delta_{\mathrm{vap}}H_{\mathrm{m}}$ 可视为常数,则将式(2-2-1)不定积分,可得

$$\ln[p^*/\mathrm{Pa}]=\frac{-\Delta_{\mathrm{vap}}H_{\mathrm{m}}}{RT}+C \tag{2-2-2}$$

式中,$C$ 为积分常数。由式(2-2-2)可知,在一定温度范围内测定不同温度下 $T$ 的饱和蒸气压 $p^*$,如果以 $1/T$ 为横坐标,$\ln[p^*/\mathrm{Pa}]$ 为纵坐标作图,可得一条直线,其斜率为实验温度范围内该纯液体的平均摩尔汽化热。

因为纯液体的正常沸点是指当外压为一个标准大气压(101.325 kPa)时纯液体的沸点,所以将 $p^*$=101.325 kPa 代入式(2-2-2)即可计算得到纯液体的正常沸点。

测定液体饱和蒸气压的方法有三种:饱和气流法、动态法和静态法。

(1) 饱和气流法　在一定的温度和压力下,将干燥惰性气体缓慢流经待测液体,并使气流为该液体的蒸气所饱和,再测定所通过的气体中待测物质的含量,根据分压定律计算得到该液体的饱和蒸气压。该方法一般适用于蒸气压较小的液体。

(2) 动态法　在不同的外压下,测定液体的沸腾温度。

(3) 静态法　直接测量在某一温度下液体饱和蒸气压的大小。它要求体系内无杂质气体。此法适用于易挥发液体饱和蒸气压的测量和固体加热分解平衡压力的测量,准确度较高。

本实验采用静态法测定液体的饱和蒸气压:将液体置于一个封闭体系中,在不同的温度下直接测量蒸气压。

### 三、实验仪器和试剂

饱和蒸气压实验装置(如图2-2-1所示);玻璃恒温水浴;精密数字压力计;气压表;缓冲储气罐

环己烷(A.R.);异丙醇(A.R.)

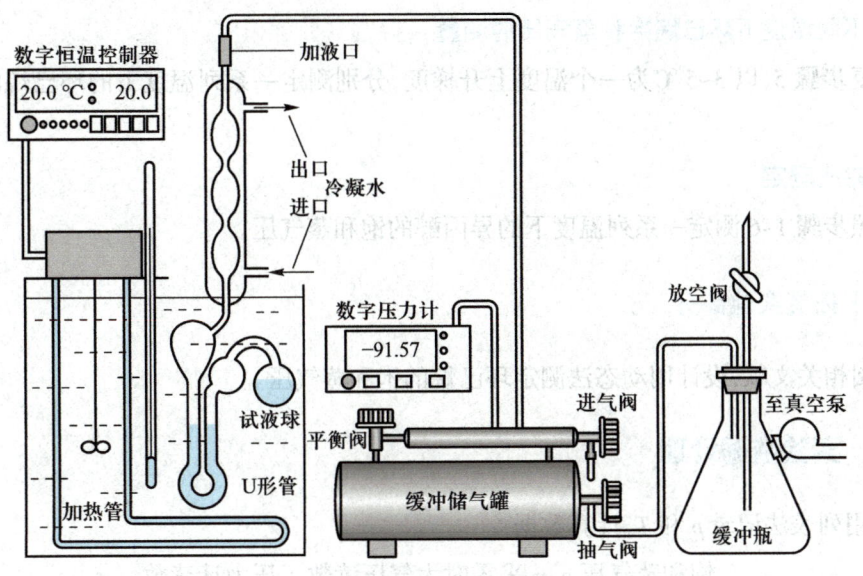

图 2-2-1　纯液体饱和蒸气压测量实验装置

## 四、实验步骤

### （一）基础实验部分

#### 1. 准备工作

（1）加液　从加液口加入适量环己烷,达到图 2-2-1 中试液球 2/3 容积。

（2）精密数字压力计置零　开启精密数字压力计,整个装置与大气压相通。待压力计显示数字稳定后,按置零钮,使显示变为 0.00 kPa。同时记录当前大气压值。

#### 2. 恒温

调节恒温水浴至 25.00 ℃。

#### 3. 冷阱装置装一半冰,一半水

#### 4. 排除体系的空气

接通冷凝水。接通真空泵电源,打开抽气阀,体系开始减压,减压到 −88 kPa,关闭抽气阀,关闭电源。排尽体系的空气。U 形管中连续不断有气泡外溢。气泡溢出需持续数分钟至消失。

#### 5. 测量环己烷饱和蒸气压

接通真空泵电源,打开抽气阀,减压到 −88 kPa,关闭抽气阀,关闭真空泵。U 形管内的溶液沸腾,打开并控制进气阀,使压力值以每秒 −0.01 kPa 的速度下降,直到 U 形管两侧的液面等高,关闭进气阀。记录体系压力值和大气压值。

**6. 不同温度下环己烷饱和蒸气压的测量**

重复步骤 5,以 3~5 ℃为一个温度上升梯度,分别测定一系列温度下的环己烷的饱和蒸气压。

**7. 完成测定**

按照步骤 1~6 测定一系列温度下的异丙醇的饱和蒸气压。

### (二) 拓展实验部分

查阅相关文献,设计用动态法测定环己烷的饱和蒸气压。

## 五、实验数据处理

1. 用列表法记录 $p$ 和 $T$,计算数据:

$$饱和蒸气压 \ p^* = 采零时大气压读数 + 压力计读数$$

2. 根据 $\ln p^*$ 和 $1/T$ 数据,分别绘制环己烷和异丙醇的 $\ln p^*$-$1/T$ 直线图。

3. 由直线斜率计算出环己烷和异丙醇在实验温度区间内的平均摩尔汽化热。

4. 查阅文献,计算环己烷和异丙醇的实验相对测定误差。

5. 根据动态法得到的数据,计算环己烷的平均摩尔汽化热,跟静态法得到的平均摩尔汽化热进行比较,分析两个值产生区别的原因是什么。

## 六、注意事项

1. 实验之前要认真进行整个实验体系气密性检查并针对漏气情况给予处理,以保证实验的顺利进行和整个实验结果的准确性。

2. 实验时要注意恒温水浴最高水位必须始终高于 U 形管液柱。

3. 实验过程中要注意防止发生暴沸。

4. 注意真空泵的规范使用。

## 七、思考题

1. 本实验中缓冲储气罐有什么作用?

2. 实验测定时放入空气太多会出现什么情况?出现这种情况应当怎么办?

3. 为什么要排尽空气?

4. 升温过程中 U 形管中会发生什么现象?

5. 为什么要控制抽气速率?

# 2-3　凝固点降低法研究稀溶液的依数性

## 一、实验目的

1. 掌握凝固点降低法测相对分子质量的原理；
2. 掌握凝固点降低法测相对分子质量的方法；
3. 掌握稀溶液的依数性定义及相关研究方法。

视频

## 二、实验原理

在一定温度和压力下,溶质行为符合亨利定律而溶剂行为符合拉乌尔定律的溶液被定义为稀溶液。稀溶液具有一些特殊的性质,只与溶液中溶质粒子数有关,如蒸气压下降、沸点升高、凝固点降低、产生渗透压等。凝固点降低作为稀溶液的依数性之一,即对于析出物为纯固相的溶液体系来说,溶液的凝固点低于纯溶剂的凝固点。这可构成一种简单而有效的测定相对分子质量的方法,特别适用于稳定的大分子化合物。

对于一种指定的溶液体系,凝固点降低与溶液的浓度成正比,即

$$\Delta T_f = T_0 - T = K_f m_B \tag{2-3-1}$$

式中,$\Delta T_f$ 为凝固点降低值,$T_0$ 为纯溶液的凝固点,$T$ 为溶液的凝固点,$m_B$ 为溶质 B 的质量摩尔浓度,$K_f$ 为凝固点降低常数。

在指定溶剂中,$K_f$ 为一定值,也就是说,$K_f$ 只与溶剂本性有关,有关数据可查阅附表或相关资料。表 2-3-1 是三种常用溶剂的有关常数值。

表 2-3-1　三种常用溶剂的有关常数值

|  | 苯 | 环己烷 | 水 |
|---|---|---|---|
| 相对分子质量 | 78.11 | 84.16 | 18.02 |
| 凝固点 / ℃ | 5.51 | 6.68 | 0.00 |
| 凝固点降低常数 /(K·mol⁻¹·kg) | 5.12 | 20.4 | 1.858 |

质量摩尔浓度 $m_B$ 可用公式表示如下:

$$m_B = \frac{W_B \times 1\,000}{M_B \times W_A} \tag{2-3-2}$$

由式(2-3-1)和式(2-3-2)可推导出溶液中溶质的表观相对分子质量的计算公式为

$$M_B = K_f \times \frac{W_B \times 1\,000}{\Delta T_f \times W_A} \tag{2-3-3}$$

式中,溶质的相对分子质量为 $M_B$;溶质和溶液的质量分别以 $W_B$ 和 $W_A$ 表示。因为特定溶剂的 $K_f$ 是已知的,$\Delta T_f$ 值可通过实验求出,溶质的相对分子质量可利用式(2-3-3)求出。

对于纯溶剂液体来说,凝固点是指在一定压力下,固液两相平衡共存的温度。理论上,纯溶剂物质体系逐步冷却的步冷曲线表示了温度随时间的变化关系,如图 2-3-1 中的曲线 Ⅰ。在实际操作过程中,液体往往会出现过冷现象,直到温度下降到凝固点温度以下一定值后才开始析出固体,然后回升到固 - 液相平衡的温度;液体全部凝固之后体系的温度又开始下降,曲线 Ⅱ 为实际过程中纯溶剂液体的冷却现象。

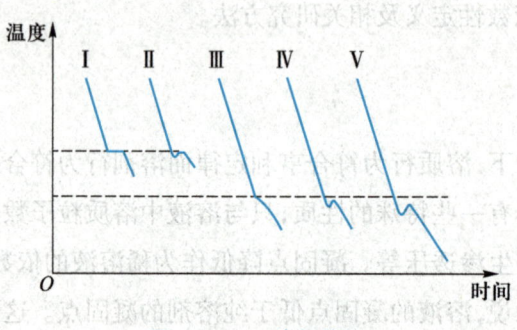

图 2-3-1　冷却曲线

在实际测定过程中经常出现冷却到溶剂或溶液的凝固点以下而仍未析出固相的情况,这种现象称为"过冷"。如图 2-3-1 中曲线的凹下部分就是过冷原因造成的。

稀溶液的凝固点是溶液液相和纯溶剂固相共存的平衡温度。溶液逐渐冷却的冷却曲线与纯溶剂不同,如图 2-3-1 中曲线 Ⅲ、Ⅳ 和 Ⅴ 所示。随着部分溶剂凝固析出,剩余溶液浓度越来越大,可知溶液与溶剂的固液相平衡温度会逐渐下降。在冷却曲线 Ⅲ 中,转折点对应的温度即为此溶液的初始凝固点,而实际冷却过程中,往往会出现过冷现象。所以实验测定过程中的控制冷却程度成为精确测量相对分子质量的关键步骤之一,通常通过控制冷却温度和搅拌速率来达到此目的。过冷现象发生时会析出大量固体,使原溶液浓度发生变化,使测量温度比溶液本身的理论凝固点低。图 2-3-1 中曲线 Ⅳ、Ⅴ 分别表示实验冷却过程中过冷程度不大和过冷严重时所对应的冷却曲线。

本实验中,稀溶液的凝固点降低值不大,为了最大限度减小测量的相对误差,采用精密电子温差测量仪精密测量温度差值。

### 三、实验仪器和试剂

凝固点测定仪(如图 2-3-2 所示);精密电子温差测量仪(0~5℃);普通温度计(1/10℃,−10~50℃);

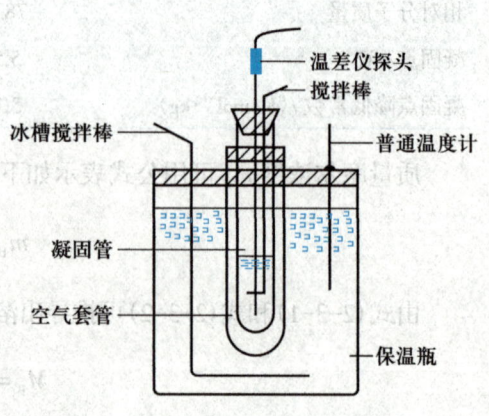

图 2-3-2　凝固点测定仪示意图

榨汁机;电子天平(0.01 g,300 g);小烧杯;称量瓶;放大镜

葡萄糖(AR);冰块和粗食盐

## 四、实验步骤

### (一) 基础实验部分

#### 1. 准备工作

(1) 冷却剂　按图 2-3-2 装配实验仪器装置。在玻璃缸冷却槽中放入足量的碎冰和水的混合物,加入粗盐调节冰水混合物的温度在 -4 ℃左右,作为实验冷却剂。

(2) 精密电子温差测量仪　仪器打开,预热,备用。

#### 2. 溶剂凝固点的近似测定

取干净的测定管,加入适量蒸馏水,按图 2-3-2 装置好测定管,插入冷却剂中。不断小心搅动外冷却剂,同时轻轻上下移动小搅拌棒,须防止搅拌棒与测定管玻璃壁及电子温差测量仪(温差仪)探头摩擦。测定管内溶剂温度不断下降,当有固态纯溶剂析出时,可观察到温差仪温度显示值迅速回升。继续轻轻搅拌(约 1 次 /s),当温度计读数不再变化或下降时,按下温差仪"置零"键,测得纯溶剂的近似凝固点 $T_{近似}$。

#### 3. 溶剂凝固点的精确测定

取出测定管置于室温水中,不断搅拌溶剂使晶体完全熔化。再将测定管小心插入冷却剂中,轻轻搅动,当温度下降到 $T_{近似}$ 时,迅速取出测定管并将外部水擦干,放入预先置于冷却剂中已冷却的套管内。继续缓慢均匀地搅动溶剂。当温度比粗测值低 0.2~0.5 ℃时,开始剧烈搅拌以打破过冷状态,促使纯溶剂晶体析出;当温度迅速回升时改为缓慢搅拌。当温度回升后达到最大值或稳定不变时,在均匀缓慢搅拌的情况下,记录温差仪示数。可记录回升前最低温度(过冷温度)作为实验操作状态的参考。

连续三次精确测量,两次读数的差值不可超过 0.005 ℃。取平均值为纯溶剂凝固点的精确值。

#### 4. 溶液凝固点的测定

溶液配制:取一干燥洁净的小烧杯,根据实验原理及误差要求,用电子天平准确称取适量葡萄糖及蒸馏水,搅拌使葡萄糖完全溶解。

取少量溶液洗涤测定管、细搅拌棒及温差仪探头。取适量溶液按步骤 2 和 3 的方法测定溶液的凝固点近似值和精确值。

### (二) 拓展实验部分

取土豆 100 g 左右,分为两等份,一份加水 100 g 用榨汁机榨汁后混合 2 min,量取上层

清液按照步骤2、3测量凝固点；另一份放置于 –18 ℃ 冷冻 2 h，取出后加水 100 g 依以上方法测量凝固点。

### 五、实验数据处理

1. 将 $W_B$、$W_A$ 和实验测量数据列表。

2. 根据式（2-3-3）计算葡萄糖的相对分子质量。

3. 由凝固点降低值推算体系的渗透压。

4. 与标准相对分子质量比较，讨论本实验的相对误差。

5. 由土豆汁的凝固点降低值推算其渗透压，讨论体系依数性变化的原因。

### 六、注意事项

1. 实验中必须注意控制溶液的冷却速度和过冷程度，以提高实验测量的可靠性。

2. 实验中，对溶液的搅拌频率和强度是实验操作的关键点之一。

3. 若不对葡萄糖进行（95 ℃）烘干处理，实验测定计算出的为表观含水葡萄糖相对分子质量。

### 七、思考题

1. 何谓过冷状态？过冷状态对测定结果有何影响？

2. 如何控制测定过程中的过冷程度？

3. 实验过程中的搅拌对测量结果产生怎样的影响？

4. 用凝固点降低法测相对分子质量适用于什么样的溶液体系，为什么？

5. 若溶质在溶剂中发生缔合或解离，可否从测量结果获得相应信息？

6. 请列举凝固点降低法在前沿科学研究与生产实践中的应用。

7. 试用 EHS（Environment-Health-Safety）理念论述本实验的设计。

## 2-4　积分溶解热的测定研究

视频

### 一、实验目的

1. 掌握用热量计测量无机盐的无限稀释积分溶解热的方法；

2. 明确雷诺图解法的原理及意义。

## 二、实验原理

物质溶于溶剂时,常伴随着热效应。研究表明,温度、压力,以及溶质和溶剂的性质、用量对热效应均有影响。物质溶解过程,常包括溶质晶格的破坏和分子或离子的溶剂化作用。一般晶格的破坏为吸热过程,溶剂化作用为放热过程。总的热效应由两个过程的热量相对大小决定。溶解热分为积分溶解热和微分溶解热,积分溶解热是在标准压力和一定温度下,1 mol 溶质溶于一定量的溶剂中所产生的热效应。微分溶解热是在标准压力和一定温度下,1 mol 溶质溶于某一确定浓度的无限量的溶液中产生的热效应。本实验测定的是积分溶解热。

测定积分溶解热是在绝热的热量计(杜瓦瓶)中进行的。首先标定量热体系的热容(指热量计和溶液温度每升高 1 ℃所吸收的热量,单位为 $J \cdot ℃^{-1}$)。将某温度下已知积分溶解热的标准物质 KCl 加入热量计中溶解,用精密电子温差测量仪测量溶解前后量热体系的温差,并用雷诺图解法求出真实温差 $\Delta T_s$,若体系的绝热性能良好,而且搅拌热可忽略时,由热力学第一定律可得如下公式:

$$\frac{m_s}{M_s} \cdot \Delta H_s^{\ominus} + C \cdot \Delta T_s = 0 \qquad (2\text{-}4\text{-}1)$$

即

$$C = -\frac{m_s}{M_s} \cdot \frac{\Delta H_s^{\ominus}}{\Delta T_s} \qquad (2\text{-}4\text{-}2)$$

式中,s 表示标准物质;$m_s$、$M_s$ 分别为标准物质即 KCl 的质量和摩尔质量($74.55\ \text{g} \cdot \text{mol}^{-1}$);$\Delta H_s^{\ominus}$ 为标准压力和一定温度下 1 mol KCl 溶于 200 mol 水中的积分溶解热(不同温度下 KCl 积分溶解热见附表)。$\Delta T_s$ 为 KCl 溶解前后温度变化值,是真实值,就是校正过后的温差值。$C$ 为热量计(包括杜瓦瓶、搅拌器、水、温度计浸入部分)热容,又称热当量或水当量。

用同一量热体系(热量计热容 $C$ 不变)测待测物质的积分溶解热时,若待测物质的质量为 $m$,摩尔质量为 $M$。溶解前后温度变化 $\Delta T$,则由式(2-4-2)得待测物质的积分溶解热:

$$\Delta H_{\text{CuSO}_4}^{\ominus} = -C \cdot \Delta T \cdot \frac{M}{m} \qquad (2\text{-}4\text{-}3)$$

必须指出,上述计算中包含了"水溶液的热容都相同"这一假设条件。

为了使实验误差小于 3%,本次实验使用读数误差在 ±0.001 ℃的精密电子温差测量仪测量 $\Delta T_s$ 和 $\Delta T$。

在实际量热过程中应该使 $\Delta T_s$ 和 $\Delta T$ 落在同一温度计的相同温度区域内,数值应尽量接近,这样就可以抵消掉由于温度计本身的不均匀性所产生的误差。

由于热量计不是严格的绝热体系,又由于传热速度的限制,物质溶解后温度变化需要一定的时间,在这段时间里,体系和环境要发生热交换,因而从温度计上读的温差就不是真实的温差,故需对测量温差进行校正。

温差校正通常采用雷诺图解法。雷诺图解法是根据实验过程中的测量数据,作温度 –

时间曲线。图 2-4-1、图 2-4-2 所示是不同的体系及环境温度所产生的温变曲线,其中 ab 段表示实验前期,b 点相当于开始溶解放热之点;c 点为观测到的温度转折点,bc 段相当于主期;cd 段则为后期。由于热量计与周围环境有热量交换,所以曲线 ab 和 cd 常常发生倾斜,图中 b 点温度为 $T_1$,c 点温度为 $T_2$,在 $T=(T_1+T_2)/2$ 处作平行于横轴的直线交曲线于 $O$ 点,过 $O$ 点作垂直于横轴的直线 $AB$,然后分别作 b、c 两点的切线,分别交 $AB$ 于 $E$、$F$、$E'$、$F'$ 两点的温度差,即为样品溶解于水所引起的温度升高值。图中 $EE'$ 表示由环境辐射和搅拌引起的热量所造成的温度升高,这部分是应当扣除的;而 $FF'$ 表示热量计向环境辐射出热量所造成的温度降低,这部分是应当加入的。经过上述校正所得的温度差 $EF$ 表示了由于样品溶解使热量计温度升高的数值。如果溶解前热量计的水温稍低或热量计绝热性能较好,则反应后期的温度并不降低,在这种情况下的 $\Delta T$ 仍然按上述方法进行校正(如图 2-4-2 所示)。

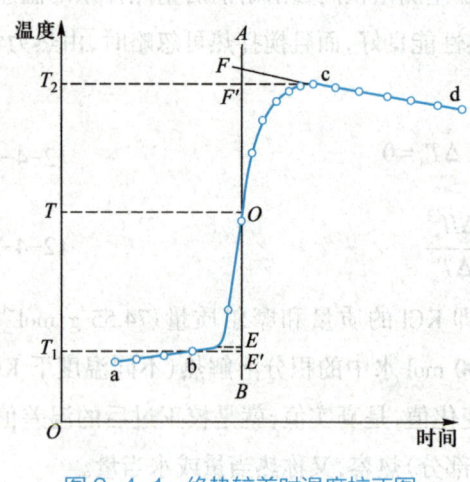

图 2-4-1　绝热较差时温度校正图

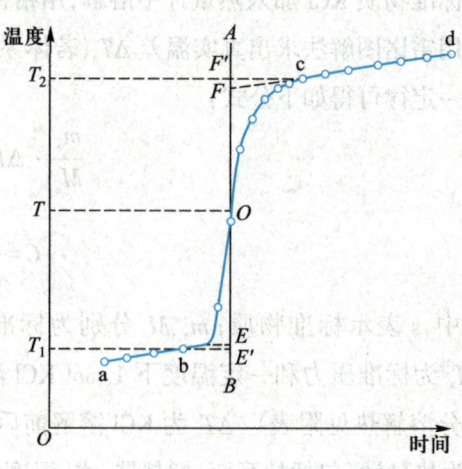

图 2-4-2　绝热较好时温度校正图

## 三、实验仪器和试剂

测温热量计 1 套(如图 2-4-3 所示):包含杜瓦瓶、NDRH-5S 型溶解热一体化实验仪器、秒表;分析天平;漏斗;

KCl(A.R.);KNO$_3$(A.R.);CuSO$_4$·5H$_2$O(A.R.)

## 四、实验步骤

### (一)基础实验部分

### 1. 准备工作

将杜瓦瓶塞子打开,置于天平上,加入 250 g 蒸馏水。将杜瓦

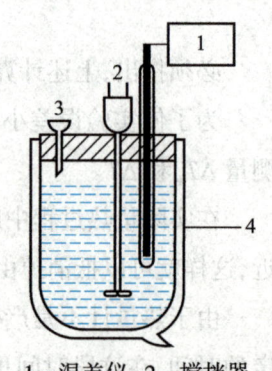

1—温差仪;2—搅拌器;
3—漏斗;4—杜瓦瓶

图 2-4-3　热量计装置图

瓶放置在磁力搅拌器上,调节转速旋钮,观察搅拌磁子为匀速转动时,盖上塞子。此后中途不更改搅拌速率,保持杜瓦瓶位置不变。

### 2. KCl 标样的测定

将漏斗底端用少量塑料泡沫堵塞,放入小金属棒。将漏斗插入塞子的孔中。将干燥器中保存的 KCl 研细,准确称取 KCl 5.175 g,放入漏斗中。按溶解热一体化实验仪器 "温差置零" 键(仪器具体使用见二维码视频),打开计时秒表,每 1 min 读一次温差仪温度,每 5 min 读一次精确温度,并记录。待温差仪温度变化率(0.005 ℃·min⁻¹)稳定 5 min 后,迅速用金属棒将样品插入蒸馏水中,并用搅拌棒辅助手动上下搅拌 2 min。继续不中断地每 1 min 读取温差仪温度,每 5 min 读一次精确温度,直至温差仪温度变化率(约为 0.005 ℃·min⁻¹)稳定 5 min 后停止实验。

重复一遍测量。

### 3. KNO₃ 样品的测定

研磨 KNO₃,准确称取 KNO₃ 3.51 g(盐水摩尔比为 1∶400)。按照上述方法测定其溶解热两遍。

### 4. 实验结束

实验完毕后,关闭所有仪器电源,清洗仪器。

### (二)拓展实验部分

参考基础实验部分的操作步骤,测定 $CuSO_4 \cdot 5H_2O$ 的积分溶解热。

## 五、实验数据处理

1. 根据 KCl 的温度－时间数据,作出温度－时间曲线,并用雷诺图解法得到真实温差 $\Delta T$,计算热量计热容 $C$。

2. 根据 KNO₃ 数据作出温度－时间曲线,并用雷诺图解法求取真实温差 $\Delta T$。

3. 应用热量计热容 $C$,计算 KNO₃ 的积分溶解热。

4. 根据 $CuSO_4 \cdot 5H_2O$ 数据作出温度－时间曲线,并用雷诺图解法求取真实温差 $\Delta T$,应用热量计热容 $C$,计算 $CuSO_4 \cdot 5H_2O$ 的积分溶解热。

5. 比较 KCl、KNO₃、$CuSO_4 \cdot 5H_2O$ 的积分溶解热,分析无机盐结构对其积分溶解热的影响。

## 六、注意事项

1. 整个实验过程搅拌速率应保持一致且不宜过快,以免产生较大的搅拌热;也不能过慢,以免溶质溶解缓慢,影响测量结果。

2. 样品需干燥保存,并且需要研为粉末,加样品应在 30 s 内完成,而且样品不能有损失。

3. 实验从开始启动秒表计时直到整个过程结束,绝不能停秒表。

4. 本实验应保证样品完全溶解,否则需要重做实验。

5. 热量计绝热性能与盖上各孔隙密封程度有关,实验过程中要注意盖好,减少热损失。

6. 为了温差数据记录完整准确,可以考虑录制视频,特别是主期阶段。

## 七、思考题

1. 加入热量计中的蒸馏水的体积是否要很准确?为什么?

2. 加入样品时如果漏斗内壁出现残留该如何处理?

3. 实验过程中,如何判断温度不再迅速改变?

4. 若蒸馏水与杜瓦瓶温度不平衡,对测定有何影响?

5. 影响温差 $\Delta T$ 的因素有哪些?

6. 在此实验基础上,如何进一步提高测量的准确性?

## 2-5   氧弹法研究萘的燃烧热

## 一、实验目的

视频

1. 掌握燃烧热的概念和氧弹式热量计测定物质的燃烧热的原理;

2. 掌握氧弹式热量计的使用方法;

3. 学习用雷诺图解法校正温度改变值。

## 二、实验原理

物质的燃烧热是指物质在一定温度下完全燃烧时的热效应。若燃烧反应在恒容条件下进行,则所测得的燃烧热称为恒容燃烧热($Q_V$);若燃烧反应在恒压条件下进行,则所测得的燃烧热称为恒压燃烧热($Q_p$)。

若把参加反应和反应生成的气体都视为理想气体,忽略压强对液体、固体等凝聚态物质焓值的影响,忽略液体、固体等凝聚态物质与气体相比所引起的体积变化,则恒容燃烧热与恒压燃烧热之间的关系为

$$Q_p = Q_V + \Delta n_g RT \tag{2-5-1}$$

式中,$\Delta n_g$ 是反应前后气体物质的量的变化值。因此,我们可以由恒容燃烧热计算恒压燃烧热。

氧弹式热量计是经典的恒容燃烧热测量装置。它是以氧气为助燃剂燃烧样品的热量计,主要由氧弹、内筒、外筒、搅拌器、样品点火装置、温度测量装置和控制系统以及水构成(如图2-5-1所示)。实验中,将热量计中的内筒看作一个绝热体系,将氧弹放入内筒水中,然后让一定量的待测样品在氧弹中完全燃烧,这样样品和点火丝燃烧时放出的热量使整个内筒体系温度升高,通过测定燃烧前后内筒中水温的变化值,即可算出该样品的燃烧热。因为氧弹是一个四壁固定的密闭装置,所以该方法直接测量所得的燃烧热为恒容燃烧热。根据能量守恒定律,样品恒容燃烧热的计算公式为

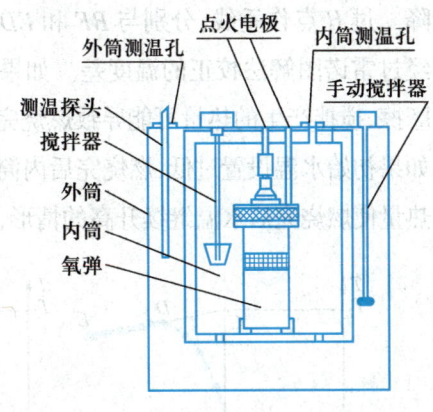

图 2-5-1　氧弹式热量计示意图

$$-Q_{V,样品} = K \cdot \Delta T + Q_{V,点火丝} \tag{2-5-2}$$

式中,$Q_{V,样品}$和$Q_{V,点火丝}$分别是样品和点火丝的恒容燃烧热。因为燃烧放热,所以两者都为负值。$K$为热量计常数,它是使内筒水温升高1 ℃所需吸收的热量。$\Delta T$是样品燃烧前后内筒水温的变化值。

$Q_{V,点火丝}$可由点火丝的质量$m_{点火丝}$和单位质量点火丝的燃烧热$Q_{s,点火丝}$来计算:

$$Q_{V,点火丝} = m_{点火丝} Q_{s,点火丝} \tag{2-5-3}$$

若实验使用的是镍铬丝作为点火丝,则$Q_{s,点火丝} = -3\ 240\ \text{J·g}^{-1}$。

热量计常数$K$与内筒及内筒中的所有物质相关,在实验过程中需要用已知燃烧热的物质来进行标定。一般采用高纯度的苯甲酸作为标准物质,因为苯甲酸单位质量恒容燃烧热$Q_{s,苯甲酸}$为$-26\ 460\ \text{J·g}^{-1}$,所以当已知苯甲酸质量、点火丝质量和苯甲酸燃烧前后内筒水温变化值$\Delta T$后即可根据式(2-5-2)标定出热量计常数$K$。

由于热量计与周围环境有热量交换,热漏现象无法完全避免,所以直接用燃烧完全后的水温减去点火前的水温来计算反应前后内筒水温值的变化值并不准确。在量热实验中,所测量的反应前后温度变化值实际上必须经过雷诺图解法加以校正。具体方法是:首先称取适量的样品预测其燃烧热;再根据式(2-5-2)设计准确实验所需的样品量,以使水温能上升1.6~2.0 ℃;然后预调内筒水温至比外筒水温低1 ℃左右,测定内桶水温随时间的变化情况;一段时间后点火,继续测定随着时间推移内桶水温的变化情况;直至整个样品燃烧完全,继续测量内桶水温随时间的变化情况;最后以时间为横坐标、以温度为纵坐标对测量数据作图,即可获得如图2-5-2所示的温度 – 时间曲线。

其中图2-5-2(a)是较理想的情况。图2-5-2(a)中$F$点是点火点,$BF$段是点火前由搅拌及外筒向内筒传热所导致的温度上升;$F$点之后,样品开始燃烧,燃烧放出的热使内筒温度沿$FHD$迅速上升,$H$点是内筒温度上升至与外筒(环境)温度相同,$D$点是能观察到的最

高温度；然后，因为内筒温度高于外筒（环境），致使内筒向外筒传递热量，所以 $DE$ 段温度下降。过 $H$ 点作垂线，分别与 $BF$ 和 $ED$ 的延长线交于 $A$、$C$ 两点，则 $A$、$C$ 两点间的温度差即为经过雷诺图解法校正的温度差。如果实验过程中搅拌太剧烈或者搅拌时搅拌器与氧弹发生摩擦，搅拌产生的热量可能导致燃烧完后内筒水温继续上升，则可能出现图 2-5-2(b) 的情形。如果初始水温设置过低，燃烧完后内筒水温只比外筒水温略高，那么也容易出现因为搅拌引入热量使燃烧完后水温继续升高的情形，且此时 $H$ 点在靠近 $D$ 点的位置，如图 2-5-2(c) 所示。

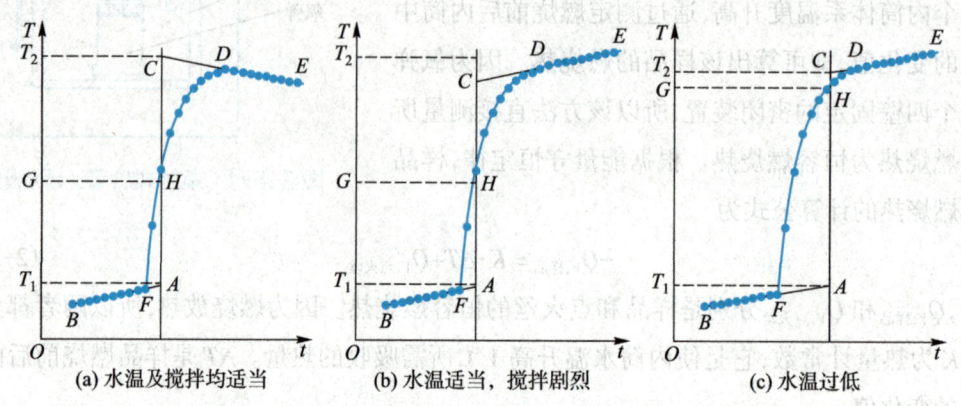

(a) 水温及搅拌均适当          (b) 水温适当，搅拌剧烈          (c) 水温过低

图 2-5-2  量热实验中的雷诺图解法校正（$\Delta T = T_2 - T_1$）

### 三、实验仪器和试剂

SHR-15B 氧弹式热量计；充氧装置（含充氧器、氧气钢瓶、总阀、减压阀等）；天平；分析天平；万用电表；压片机；镊子；棉线；镍铬点火丝（12~18 cm）

苯甲酸（A.R.）；萘（A.R.）；绵白糖；红糖；农林废弃物

### 四、实验步骤

#### （一）基础实验部分

**1. 压片**

称取苯甲酸 1 g 左右，压成片状，再用分析天平称准至 0.000 1 g。

**2. 装样**

把氧弹（图 2-5-3）的弹头放在弹头架上，将片状样品放入坩埚内，将约 18 cm 长的点火丝（准确测量）的两端固定在两个电极柱上，注意点火丝要非常贴近样品，但不能接触样品和坩埚。点火丝中穿一根棉线。拧紧氧弹盖。用万用电表检测氧弹两电极间是否通路，万用电表显示有电阻即可。将氧弹与氧气钢瓶的进气口连接，缓慢充入氧气。检查氧弹是否漏气。用万用电表检测氧弹两电极间是否通路。（操作视频请扫二维码）

### 3. 热量计常数的测定

（1）调节水温 称取内筒质量。向内筒加入 2 500 g 蒸馏水。打开多功能控制箱,开启搅拌。记录外筒的温度。测量内筒温度,将温度调至比外筒温度低 1 ℃左右。停止搅拌。将氧弹放入内筒,接上点火线,开启搅拌。（仪器操作视频请扫二维码）

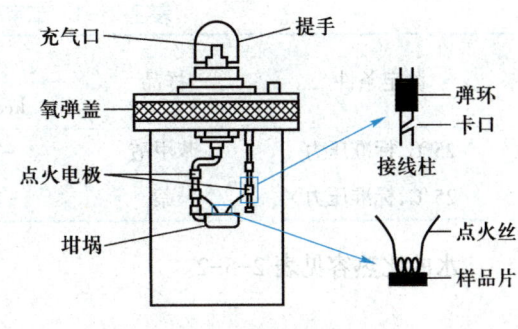

图 2-5-3 氧弹示意图

（2）点火 开始记录点火前的温度,开始计时后,每分钟记一次温度读数,连续记录 5 min。点火,温度上升,每 15 s 记一次温度读数,直到两次读数差值小于 0.02 ℃时,改为每分钟记录一次读数,连续记 5 min。

停止搅拌,将氧弹取出,放出剩余气体,观察坩埚内样品是否燃烧完全。若还有药品及黑色碳粒,即为未完全燃烧,需重新开始实验。

测量燃烧后剩余的点火丝长度用于计算实际点火丝燃烧长度。称取内筒和水的总质量,用于计算所加入的水的质量。

### 4. 测定萘的燃烧热

称取 0.6 g 左右的萘,按照实验步骤 1~3 进行测定。

### （二）拓展实验部分

1. 将一种农林废弃物（如麦秸、玉米秸、玉米芯、棉秆、稻草、稻壳、甘蔗渣、树枝、树皮和落叶等）粉碎,制成样品测定其燃烧热,将其燃烧热数据与标准煤燃烧热数据相比较。

2. 分别取适量的绵白糖和红糖,用氧弹法测量它们的燃烧热。

## 五、实验数据处理

1. 用列表法记录所有实验数据。

2. 用雷诺图解法求出苯甲酸和萘燃烧引起的真实温度变化值 $\Delta T$。

3. 计算热量计常数 $K$。

4. 计算萘的摩尔恒容燃烧热 $Q_{V,m}$ 和摩尔恒压燃烧热 $Q_{p,m}$。

5. 计算农林废弃物的燃烧热,将其燃烧热数据与标准煤燃烧热数据相比较。

6. 计算绵白糖和红糖的燃烧热,并进行比较,分析影响燃烧热的因素。

数据处理参考值:

苯甲酸的氧弹燃烧热为 $-26\ 460\ \text{J·g}^{-1}$,引燃点火丝的燃烧热为 $-290\ \text{J·m}^{-1}$。

苯甲酸和萘的恒压燃烧热见表 2-5-1。

表 2-5-1  苯甲酸和萘的恒压燃烧热

| 测定条件 | 样品 | 恒压燃烧热 | | |
|---|---|---|---|---|
| | | kcal·mol⁻¹ | kJ·mol⁻¹ | J·g⁻¹ |
| 25 ℃,标准压力 | 苯甲酸 | $-771.24$ | $-3\,226.9$ | $-26\,410$ |
| 25 ℃,标准压力 | 萘 | $-1\,231.8$ | $-5\,153.8$ | $-40\,205$ |

水的比热容见表 2-5-2。

表 2-5-2  水的比热容

| 温度 $t/℃$ | 15.0 | 20.0 | 25.0 |
|---|---|---|---|
| 比热容 $C/(J·K^{-1}·kg^{-1})$ | 4 185.5 | 4 181.6 | 4 179.3 |

## 六、注意事项

注意使用高压钢瓶充氧的操作规则并规范使用。

## 七、思考题

1. 体系与环境通过哪些途径进行热交换？对实验结果有哪些影响？

2. 测萘时是否需要更换内桶水和重新调温？若需要更换,所用水量可以和苯甲酸测量中不一致吗？为什么？

3. 称取待测样品 1.2 g 预测其燃烧热,如果计算后发现燃烧后能使水温上升 3.6 ℃,应如何设计准确实验所需的样品量？

# 2-6  差热分析法研究不同体系的相变过程

视频

## 一、实验目的

1. 掌握差热分析的基本原理和方法;

2. 了解差热分析仪的构造,学会其操作技术;

3. 用差热分析仪研究不同体系的相变过程。

## 二、实验原理

物质在加热或冷却过程中会发生物理变化或化学变化,与此同时,往往还伴随吸热或放热现象。伴随热效应的变化,有晶形转变、沸腾、升华、蒸发、熔融等物理变化,以及氧化还原、分解、脱水和解离等化学变化。另有一些物理变化,虽无热效应发生但比热容等某些物理性质也会发生改变,这类变化如玻璃化转变等。物质发生熔变时质量不一定改变,但温度是必定会变化的。差热分析正是在物质这类性质基础上建立的一种技术。

若将在实验温区内呈热稳定的已知物质(参比物)和样品一起放入加热系统中(图 2-6-1),并以线性程序温度对它们加热。在样品没有发生吸热或放热变化且与程序温度间不存在温度滞后时,样品和参比物的温度与程序温度是一致的。若样品发生放热变化,由于热量不可能从样品瞬间导出,于是样品温度偏离线性升温线,且向高温方向移动。反之,在样品发生吸热变化时,由于样品不可能从环境瞬间吸取足够的热量,从而使样品温度低于程序温度。只有经历一个传热过程,样品才能恢复到与程序温度相同的温度。

在样品和参比物的比热容、导热系数和质量等相同的理想情况下,用图 2-6-1 装置测得的样品和参比物的温度及它们之间的温度差随时间的变化如图 2-6-2 所示。图中参比物的温度始终与程序温度一致,样品温度则随吸热和放热过程的发生而偏离程序温度线。当 $T_S - T_R = \Delta T$ 为零时,图中参比物与样品温度一致,两温度线重合,在 $\Delta T$ 曲线则为一条水平基线。

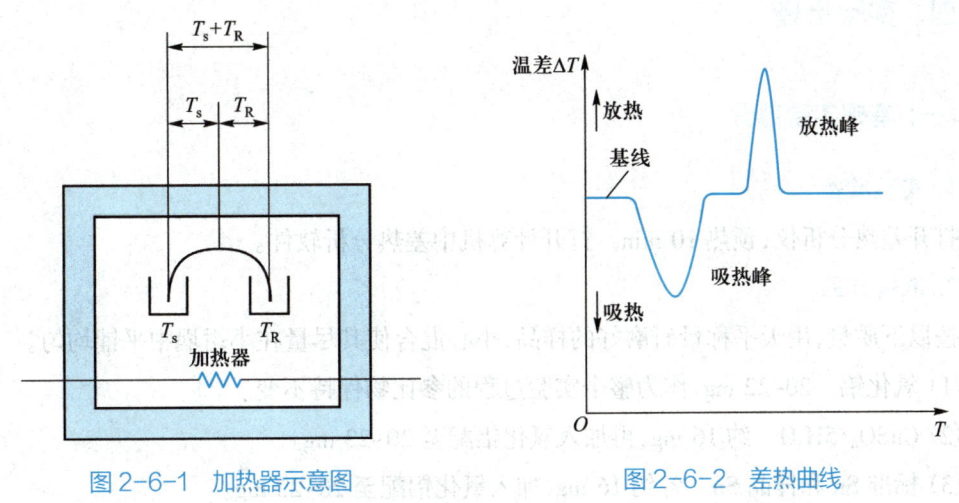

图 2-6-1　加热器示意图　　　　　图 2-6-2　差热曲线

当样品吸热时,$\Delta T < 0$,在 $\Delta T$ 曲线上是一个向下的吸热峰。当样品放热时,$\Delta T > 0$,在 $\Delta T$ 曲线上是一个向上的放热峰。由于是线性升温,通过 $T\text{-}t$ 关系可将 $\Delta T\text{-}t$ 图转换成 $\Delta T\text{-}T$ 图。$\Delta T\text{-}t$(或 $T$)图即是差热曲线,表示样品和参比物之间的温度差随时间或温度变化的关系。

影响差热曲线的因素有仪器和操作条件。仪器的影响包括浮力、坩埚和挥发物再凝聚等,操作条件的影响包括样品用量、粒度、填装情况、升温速率和气氛等。

差热曲线直接提供的信息有峰的位置、峰的面积、峰的形状和个数。由它们不仅可以对物质进行定性和定量分析,而且还可以研究变化过程的动力学。

曲线上峰的起始温度只是实验条件下仪器能够检测到的开始偏离基线的温度。根据规定,该起始温度应是峰前缘斜率最大处的切线与外推基线的交点所对应的温度。若不考虑不同仪器的灵敏度不同等因素,外推起始温度比峰温更接近于热力学平衡温度。

由差热曲线获得的重要信息之一是它的峰面积。根据经验,峰面积和变化过程的热效应有着直接联系,而热效应的大小又取决于活性物质的质量。Speil 指出峰面积与相应过程的焓变成正比:

$$A = \int_{t_1}^{t_2} \Delta T \mathrm{d}t = \frac{m_a \Delta H}{g \lambda_s} = K(m_a \Delta H) = K Q_p \tag{2-6-1}$$

式中,$A$ 是差热曲线上的峰面积,由实验测得的差热峰直接得到;$K$ 是系数。在 $A$ 和 $K$ 值已知后,即能求得待测物质的热效应 $Q_p$ 和焓变 $\Delta H$。

### 三、实验仪器和试剂

差热分析仪:北京恒久 HCR-1;研钵;天平;

$CuSO_4 \cdot 5H_2O$(A.R.);$Al_2O_3$;标准锡(Sn);样品锡(Sn);未知金属颗粒;未知金属块

### 四、实验步骤

#### (一)基础实验部分

**1. 实验准备**

打开差热分析仪,预热 10 min。打开计算机中差热分析软件。

**2. 准备样品**

按以下质量,用天平称量研磨好的样品,小心混合使其尽量在小坩埚中平铺均匀。

(1)氧化铝 20~22 mg,作为整个实验过程的参比物保持不变。

(2)$CuSO_4 \cdot 5H_2O$ 约 16 mg,再加入氧化铝配至 20~22 mg。

(3)标准 Sn 和样品 Sn 各约 16 mg,加入氧化铝配至 20~22 mg。

(4)未知金属颗粒和未知金属块 各 16~30 mg。

**3. 设定温度控制范围区间和升温速率**

(1)$CuSO_4 \cdot 5H_2O$ 从室温升温至 150 ℃,升温速率 5 ℃·min$^{-1}$,再从 150 ℃升温至 380 ℃,升温速率 10 ℃·min$^{-1}$。

(2)标准 Sn 和样品 Sn 温度范围 180~300 ℃,升温速率 10 ℃·min$^{-1}$。

(3)未知金属颗粒和未知金属块 温度范围 180~400 ℃,升温速率 10 ℃·min$^{-1}$。

**4. 差热分析曲线的测量**

在空气氛围中,以氧化铝为参比物,设定好各自对应的控温程序,将待测样品放入坩埚中进行测量。开启冷却水,先测硫酸铜,测完后,升起炉体,当样品温度降温到下个样品的起始温度时,再测其他样品。

具体操作见二维码视频。

### 5. 数据处理

用计算机软件处理热分析曲线。具体操作见二维码视频。

### 6. 实验结束

实验结束后,关闭冷却水,坩埚回收。

## (二) 拓展实验部分

### 1. 研究不同升温速率对样品相变过程的影响

$CuSO_4 \cdot 5H_2O$ 的差热分析曲线分别按以下程序测定:

(1) 从室温升温至 380 ℃,升温速率 5 ℃·min$^{-1}$。

(2) 从室温升温至 380 ℃,升温速率 10 ℃·min$^{-1}$。

(3) 从室温升温至 380 ℃,升温速率 20 ℃·min$^{-1}$。

### 2. 研究不同气体氛围对样品相变过程的影响

在氮气(99%)中测定 $CuSO_4 \cdot 5H_2O$ 的差热分析曲线:从室温升温至 150 ℃,升温速率 5 ℃·min$^{-1}$,再从 150 ℃升温至 380 ℃,升温速率 10 ℃·min$^{-1}$。

## 五、实验数据处理

1. 根据所有样品的差热分析曲线,记录每个峰的起始温度 $T_e$ 和峰顶温度、焓变等,如表 2-6-1 所示。

表 2-6-1　差热分析数据记录

| 样品 | $CuSO_4 \cdot 5H_2O$ | | |
|---|---|---|---|
| 峰 | 1 | 2 | 3 |
| 开始温度 /℃ | | | |
| 峰顶温度 $T_p$/℃ | | | |
| 结束温度 /℃ | | | |
| 峰的起始温度 $T_e$/℃ | | | |
| 热焓 /mJ | | | |
| 质量焓变 $H$/(mJ·mg$^{-1}$) | | | |

2. 根据 $CuSO_4 \cdot 5H_2O$ 的差热分析曲线,分析 $CuSO_4 \cdot 5H_2O$ 的脱水过程,推测 $CuSO_4 \cdot 5H_2O$ 中 5 个 $H_2O$ 和 $CuSO_4$ 结合的可能形式。

3. 分析样品 Sn 和标准 Sn 的差热分析曲线的热焓值,计算样品 Sn 的纯度。

4. 根据未知金属块和未知金属颗粒的差热分析曲线,查阅文献,推测未知金属块和未知金属颗粒分别是什么金属。

5. 对比不同升温速率的 $CuSO_4·5H_2O$ 的差热分析曲线,总结升温速率对于 $CuSO_4·5H_2O$ 相变过程的影响规律。

6. 对比不同气体氛围中 $CuSO_4·5H_2O$ 的差热分析曲线,总结气体对于 $CuSO_4·5H_2O$ 相变过程的影响规律。

## 六、注意事项

1. 坩埚一定要清理干净,否则不仅影响导热,而且因杂质在受热过程中可能发生物理化学变化,也会影响实验结果的准确性。

2. 注意放入样品至坩埚时,轻拿轻放。

## 七、思考题

1. 影响差热分析曲线的最大因素是什么?为什么?

2. 为什么测定差热分析曲线不宜用过高的升温速率?

3. 样品粒度大小对差热分析曲线有何影响?

# 2-7   双液系的气-液平衡相图研究

视频

## 一、实验目的

1. 掌握相律和相图的基本概念,绘制双液系的气-液平衡相图;

2. 掌握测定二元溶液的沸点及正常沸点的方法;

3. 学会运用折射率确定双液系气-液平衡两相组成的方法。

## 二、实验原理

### 1. 气-液相图

由两种液态纯物质混合而成的二组分体系称为双液系。两个组分若能按任意比例互相溶解,称为完全互溶双液系。液体的沸点是指液体的蒸气压与外界压力相等时的温度。在一定的外界压力下,纯液体的沸点有确定值。但双液系的沸点不仅与外界压力有关,而且与两种纯液体的相对含量也有关。

根据相律: $F=C-P+2$(其中,$F$ 为自由度;$C$ 是独立组分数;$P$ 为相数),一个气-液共存的二组分体系,其自由度为 2。只要任意再确定一个变量,整个体系的存在状态就可以用二维图形来描述。例如,在一定温度下,可以画出体系的压力 $p$ 和组分含量 $x$ 的关系图;若体系的压力确定,则可作温度 $T$ 对 $x$ 的关系图。这就是相图。在 $T-x$ 相图上,有温度、液相组

成和气相组成三个变量。当自由度为 1 时,一旦设定某个变量,则其他两个变量必有相应的
确定值。图 2-7-1 是苯－甲苯体系的温度－组成相图。苯与甲苯这一双液系基本上接近于理想溶液。然而绝大多数实际体系与拉乌尔(Raoult)定律有一定偏差。偏差不大时,温度－组成相图与图 2-7-1 相似,溶液的沸点仍介于两纯物质的沸点之间。但是,有些体系的偏差很大,以致其相图出现极值。正偏差很大的体系在温度－组分相图[图 2-7-2(a)]上呈现极小值,负偏差很大时[图 2-7-2(b)]则会有极大值。这样的极值点称为恒沸点,该点的气、液两相的组成相同。例如,$H_2O$-HCl 体系的最高恒沸点在标准状态 $p^{\ominus}$ 时为108.5 ℃,恒沸物的组成含 HCl 20.242%。

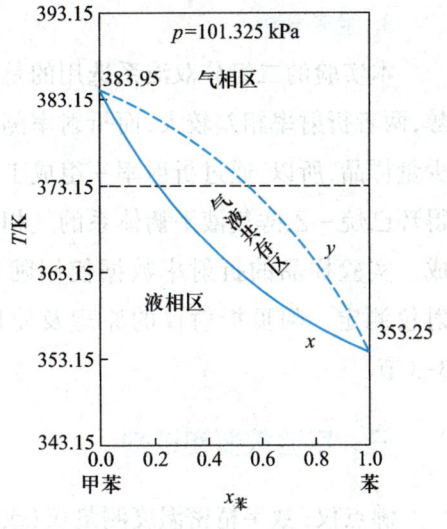

图 2-7-1　苯－甲苯体系的温度－组成相图

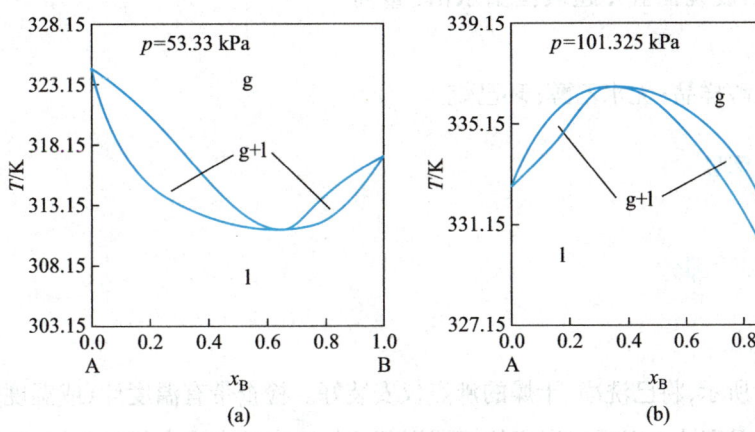

图 2-7-2　有正(负)偏差的双液系温度－组成相图

　　通常,测定一系列不同配比溶液的沸点及气、液两相的组成,就可以绘制气－液体系的相图。压力不同时,双液系相图将略有差异。实验中要求将外界压力校正到 101.325 kPa。

### 2. 沸点测定仪

　　溶液的沸点可以用沸点测定仪(沸点仪)来测定。沸点仪有多种类型,各种沸点仪的具体构造虽各有特点,但其设计都力图保证正确测定沸点、便于取样分析、防止过热及避免分馏等方面。本实验所用沸点仪如图 2-7-3 所示。这是一只带回流冷凝管的长颈圆底烧瓶。冷凝管底部有一半球形小室,用以收集冷凝下来的气相样品。电流经变压器和粗导线通过浸于溶液中的电热丝。这样既可减少溶液沸腾时的过热现象,还能防止暴沸。小玻璃管有利于降低周围环境对温度计读数可能造成的波动。还可以采用数字精密温度测量仪代替玻

璃水银温度计来测定温度。

### 3. 组成分析

本实验的二组分双液系选用的是环己烷和乙醇，两者折射率相差较大，而折射率测定又只需要少量样品，所以，通过折射率–组成工作曲线来获得环己烷–乙醇气液平衡体系的气相与液相的组成。实验样品的折射率数据使用阿贝（Abbe）折射仪测定。阿贝折射仪的原理及使用详见本书3-3节。

## 三、实验仪器和试剂

沸点仪；数字精密温度测量仪（或玻璃水银温度计 0~100 ℃，分度值 0.1 ℃）；数字精密稳流电源；阿贝折射仪（棱镜恒温）；超级恒温水浴；量筒（50mL）；滴管

环己烷–乙醇样品；无水乙醇；环己烷

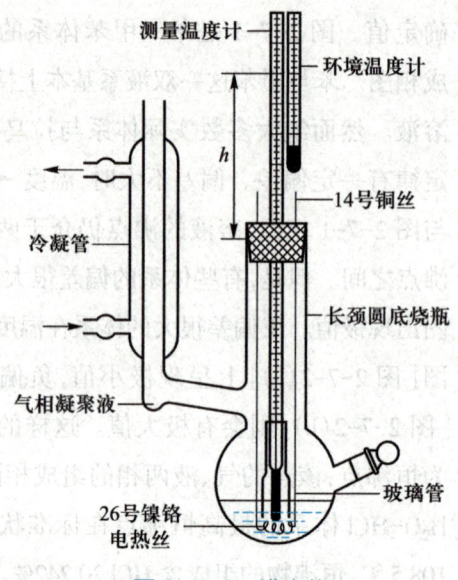

图 2-7-3　沸点仪

## 四、实验步骤

### （一）基础实验部分

#### 1. 安装沸点仪

如图 2-7-3 所示，将已洗净、干燥的沸点仪安装好。检查带有温度计（或温度传感器）的塞子是否塞紧。温度计水银球或温度传感器端部的位置应处在沸点仪下部加（取）液体的支管之下，高于电热丝 2 cm 以上。

#### 2. 系列环己烷–乙醇溶液沸点及折射率的测定

配制系列环己烷–乙醇溶液未知样品，如可配制环己烷质量分数约为 0.05，0.15，0.30，0.45，0.55，0.65，0.80，0.95 的环己烷–乙醇系列待测溶液。

用量筒从沸点仪的侧管加入未知样品约 30 mL。打开冷凝水，接通电路，打开稳流电源，调节加热电流，电流不超过 1.7 A，使溶液慢慢加热至沸腾。蒸气在冷凝管中开始冷凝，待温度计的读数稳定后再维持 5 min，使体系充分达到平衡。记下温度计的读数。这是未知样品的沸点。

停止加热，使体系冷却至室温。用两支干燥的长滴管分别吸取平衡时气相样品和液相样品适量，用阿贝折射仪测定气相和液相的折射率。测量三次。

测量完成后,将沸点仪中的液体倒入原瓶中。按上述步骤依环己烷含量从低到高顺序测定未知样品溶液的沸点和气相、液相折射率。

### 3. 工作曲线绘制

准确称量并配制一定浓度梯度的环己烷－乙醇溶液,如可以配制环己烷质量分数为 0.10,0.20,0.30,0.40,0.50,0.60,0.70,0.80 和 0.90 的环己烷－乙醇溶液各 10 mL。

将阿贝折射仪与超级恒温槽相连,超级恒温槽设置在 30 ℃。分别测定上述 9 份溶液以及纯乙醇和纯环己烷的折射率。

### (二)拓展实验部分

请设计其他实验方法测定气相和液相的组成,并与折射率法进行对比分析。

## 五、实验数据处理

1. 绘制环己烷－乙醇溶液的折射率－组成的标准工作曲线。

2. 列表表示环己烷－乙醇溶液在不同组成时的沸点和气液两相的折射率,根据工作曲线查出相应的气、液相组成并列表。

3. 绘制环己烷－乙醇溶液的沸点－组成图,由图确定最低恒沸点和恒沸混合物的组成。

4. 对拓展实验结果进行分析讨论,对比不同方法的优劣。

## 六、注意事项

1. 沸点仪在未加入液体样品前不能通电。

2. 实验过程中,保证沸点仪的各个塞子密封良好,避免气体逸出挥发。

3. 应该用两支干燥的滴管分别取气相和液相的样品。

4. 测折射率的速度要尽量快,否则样品挥发后测不出结果。

## 七、思考题

1. 在测定恒沸点时,如果溶液过热或出现分馏现象,会使绘出的相图图形发生什么变化?

2. 为什么工业上常生产 95% 乙醇?用精馏含水乙醇的方法是否可能获得无水乙醇?

3. 讨论本实验的主要误差来源。

## 2-8 分光光度法研究配合物的组成及热力学性质

视频

### 一、实验目的

1. 掌握分光光度法测定配合物组成及稳定常数的基本原理;
2. 掌握分光光度法测定配合物组成及稳定常数的实验方法;
3. 计算配位反应的自由能变化值。

### 二、实验原理

溶液中金属离子 M 与配体 L 形成配合物的反应式为

$$M + nL \rightleftharpoons ML_n$$

达到平衡时,该配位反应的稳定常数为

$$K_{稳} = \frac{[ML_n]}{[M][L]^n} \tag{2-8-1}$$

式中,$[ML_n]$、$[M]$ 及 $[L]$ 分别表示配位平衡时配合物、金属离子及配体的浓度。

通常在配位反应中常伴随有明显的颜色变化。如三价铁离子与钛铁试剂 $[C_6H_2(OH)_2(SO_3Na)_2]$ 在不同 pH 的溶液中,可形成配位数($n$)不同的配合物,它们具有不同的颜色。但在指定的 pH 条件就只能生成一种配合物。根据这一特点,可采用分光光度法测定其组成与稳定常数。

#### 1. 配合物组成的测定

首先配制浓度相同的金属离子和配体溶液,然后在保持总浓度($[M]+[L]$)不变的条件下,制备一系列二者摩尔分数比值递变的溶液,这一组溶液称为等摩尔系列溶液(a 组)。

当溶液中两组分的成分比值相当于配合物组成时,即当 $\frac{[L]}{[M]} = n$ 时,溶液中配合物浓度最大,溶液颜色最深。

如果在可见光某个波长区域,配合物 $ML_n$ 有强烈吸收,而金属离子 M 及配体 L 几乎不吸收,据此可测定此系列溶液的光密度 $D$ 值,$D$ 值由配合物 $ML_n$ 浓度决定。作光密度 $D$ 与摩尔分数 $X_v$ 的曲线图。由曲线极大点所对应的组成,即可求出该配合物的配位数 $n$。如图 2-8-1(a) 所示。

设 $x_M$ 为曲线极大值所对应的组成,即 $x_M = \frac{[M]}{[M]+[L]}$

$$n = \frac{[L]}{[M]} = \frac{1 - x_M}{x_M} \tag{2-8-2}$$

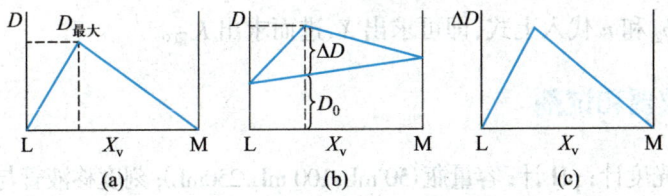

图 2-8-1　光密度 – 组成曲线

如果在同一波长下,配合物、金属离子和配体对光均有吸收,则测出的 $D_{表观}$ 值就不等于配合物的 $D$ 值。此时需进行以下校正:在 $D\text{-}x_v$ 图上,连接 $x_L=0$ 和 $x_M=0$ 两点所对应的 $D$ 值得到一条直线,如图 2-8-1 中(b)所示。理论上讲,直线上任意一点所表示的光密度值 $D$ 产生于溶液中金属离子 M 及配体 L 对光的吸收。因此将实验测得的光密度值,减去对应组成的直线上读出的 $D_0$ 值,其差值 $\Delta D=D-D_0$ 为该组成溶液中配合物的光密度值。所以求算配合物 $n$ 及 $K_{稳}$ 时,应作 $\Delta D\text{-}X_v$ 曲线,如图 2-8-1 中(c)所示。如果配合物稳定性较差,或者配合物是稳定的,但浓度较小,$\Delta D\text{-}X_v$ 图上曲线极大点均不明显,如图 2-8-2 所示。此种情况可通过 M 或 L 点作曲线的切线,两切线延长线相交于 O 点,O 点所对应的组成即为配合物的组成。

### 2. $K_{稳}$ 及 $\Delta G^{\ominus}$ 的测定

若以 $a$、$b$ 分别表示 M 与 L 的起始浓度,$X$ 表示平衡时配合物的浓度,则式(2-8-1)可写为

$$K_{稳}=\frac{X}{(a-X)(b-nX)^n} \qquad (2\text{-}8\text{-}3)$$

若将金属离子溶液及配体溶液分别稀释 1 倍后,再配制一组等摩尔系列溶液(b 组),按上述步骤分别测定其 $\Delta D$,然后再在同一图上绘制 b 组的 $\Delta D\text{-}X_v$ 曲线,这样在同一张图上便得到两条曲线,如图 2-8-3 所示。选取等光密度的两点 $F$ 和 $G$,两曲线对应的金属离子及配体的起始浓度分别为 $a_1$、$b_1$ 和 $a_2$、$b_2$。

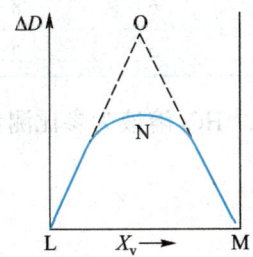

图 2-8-2　实际的 $\Delta D\text{-}X_v$ 曲线

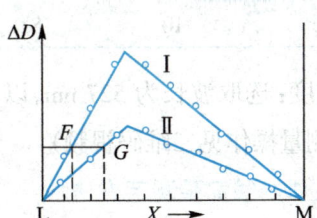

图 2-8-3　组合 $\Delta D\text{-}X_v$ 曲线

由于光密度相等表示两种溶液中配合物浓度相同,故

$$K_{稳}=\frac{X}{(a_1-X)(b_1-nX)^n}=\frac{X}{(a_2-X)(b_2-nX)^n} \qquad (2\text{-}8\text{-}4)$$

将 $a_1$、$b_1$、$a_2$、$b_2$ 和 $n$ 代入上式,即可求出 $X$,进而求出 $K_稳$。

## 三、实验仪器和试剂

722S 型分光光度计;pH 计;容量瓶(50 mL,100 mL,250mL);刻度移液管与移液管(10 mL)

硫酸铁铵溶液(0.002 mol·L$^{-1}$);水杨酸溶液(0.05 mol·L$^{-1}$);HCl 溶液(0.1 mol·L$^{-1}$);pH 5.8~8.0 磷酸钠缓冲溶液(0.1 mol·L$^{-1}$)

## 四、实验步骤

### (一) 基础实验部分

测定 pH 2.0~3.0 时配位反应的配位数和平衡常数

#### 1. 双浓度曲线实验测定方法

(1) 准备工作　用 0.1 mol·L$^{-1}$ HCl 溶液配制 0.002 mol·L$^{-1}$ 的 HCl 溶液 1 L。用 0.05 mol·L$^{-1}$ 水杨酸溶液配制 0.002 mol·L$^{-1}$ 水杨酸溶液 250 mL,用 0.002 mol·L$^{-1}$ HCl 溶液定容。

(2) 配位数和平衡常数的测定　参照表中溶液编号的比例,准确移取 0.002 mol·L$^{-1}$ 硫酸铁铵溶液和 0.002 mol·L$^{-1}$ 水杨酸溶液,配制生成配合物等摩尔系列溶液,用 0.002 mol·L$^{-1}$ HCl 溶液定容至 50 mL。测量溶液 pH。

按同样的方法,准确移取表 2-8-1 中 1~6 编号的 2 倍体积 0.002 mol·L$^{-1}$ 硫酸铁铵溶液和 2 倍体积 0.002 mol·L$^{-1}$ 水杨酸溶液,配制生成配合物等摩尔系列溶液,用 0.002 mol·L$^{-1}$ HCl 溶液定容至 50 mL。

表 2-8-1　配合物生成反应系列溶液的配制

| 溶液编号 | 1 | 2 | 3 | 4 | 5 | 6 |
|---|---|---|---|---|---|---|
| 硫酸铁铵溶液 /mL | 0 | 2 | 4 | 6 | 8 | 10 |
| 水杨酸溶液 /mL | 10 | 8 | 6 | 4 | 2 | 0 |

测量光密度:选取波长为 527 nm,以 0.002 mol·L$^{-1}$ HCl 溶液为参比测量以上配制的溶液的吸光度(测量操作见二维码视频)。

#### 2. 标准工作曲线实验测定方法

准确移取表 2-8-1 中编号为 1—6 的相应体积的 0.002 mol·L$^{-1}$ 硫酸铁铵溶液,分别加入 0.05 mol·L$^{-1}$ 水杨酸 10.0 mL,用 0.002 mol·L$^{-1}$ HCl 溶液定容至 50 mL。

测量光密度:选取波长为 527 nm,以 0.002 mol·L$^{-1}$ HCl 溶液为参比测量以上配制的溶液的吸光度。

### （二）拓展实验部分

#### 1. 测定 pH 5.8~8.0 时配位反应的配位数和平衡常数

参照表 2-8-2,准确移取 0.002 mol·L$^{-1}$ 硫酸铁铵溶液和 0.002 mol·L$^{-1}$ 水杨酸溶液,配制生成配合物等摩尔系列溶液,用 pH=5.8~8.0 的磷酸钠缓冲溶液定容至 50 mL。测量溶液 pH。

表 2-8-2　配合物生成反应系列溶液的配制

| 溶液编号 | 1 | 2 | 3 | 4 | 5 | 6 | 7 |
|---|---|---|---|---|---|---|---|
| 硫酸铁铵溶液 /mL | 0 | 1 | 2 | 3 | 7 | 8 | 9 |
| 水杨酸溶液 /mL | 9 | 8 | 7 | 6 | 2 | 1 | 0 |

#### 2. 测量 pH

准确移取表 2-8-2 中 1—7 号的 2 倍体积 0.002 mol·L$^{-1}$ 硫酸铁铵溶液和 2 倍体积 0.002 mol·L$^{-1}$ 水杨酸溶液,配制生成配合物等摩尔系列溶液,用 pH=5.8~8.0 的磷酸钠缓冲溶液定容至 50 mL。测量溶液 pH。

测量光密度:选取波长为 527 nm,以磷酸钠缓冲溶液为参比测量配制的溶液的吸光度。

### 五、实验数据处理

1. 根据基础实验步骤得到的数据,作两组溶液的 $D$-$X$ 图。然后对 $D$ 进行校正,求出校正后的配合物的光密度 $\Delta D$。

2. 作两组溶液的 $\Delta D$-$X_v$ 图,由图形确定配合物的组成。从图形上找出光密度值相同的两组溶液各自对应的溶液组成,求出 $a_1$、$b_1$ 及 $a_2$、$b_2$,代入式(2-8-4),计算平衡浓度 $X$。求配合物的稳定常数 $K_稳$ 及该配合物的 $\Delta G^\ominus$。

3. 绘制标准硫酸铁铵溶液的工作曲线 $D$-$X_v$ 图,用内插值法求算配合物平衡浓度。
　求配合物的稳定常数 $K_稳$ 及该配合物的 $\Delta G^\ominus$。

4. 比较两种方法得到的配合物的稳定常数 $K_稳$ 及该配合物的 $\Delta G^\ominus$,分析两种方法的优劣。

5. 根据拓展实验步骤得到的数据,按照数据处理 1—3 步骤,计算配合物的稳定常数 $K_稳$ 及该配合物的 $\Delta G^\ominus$。

### 六、注意事项

水杨酸溶液为含有 0.002 0 mol·L$^{-1}$ 的 HCl 水溶液(可加适量乙醇助溶),硫酸铁铵应为酸性水溶液。

### 七、思考题

1. 为什么配制等摩尔系列溶液时,可用等摩尔浓度的 M 及 L 在维持总体积不变的条件下,按不同的体积比配制?

2. 本实验是以光密度的大小来表示配合物的浓度,因此配合物浓度与光密度的关系应遵从什么定律? 为什么?

3. 实验中是否必须同时测定两组等摩尔系列溶液,方可求 $K_{稳}$? 怎样设法简化?

4. 溶液 pH 如何影响配位反应?

## 2-9 离子选择电极法的研究与应用

视频

### 一、实验目的

1. 了解离子选择性电极的基本性能及测试方法;
2. 掌握钙离子选择电极的选择性系数的测定方法;
3. 掌握钙离子选择性电极的使用方法。

### 二、实验原理

离子选择性电极是一种分析测量工具,可以通过简单的电势测量直接测定溶液中某一离子的活度。该技术广泛应用于海洋、土壤、地质、化工、医学等领域中。

#### 1. 电极电势与离子浓度的关系

离子选择性电极是一种以电势响应为基础的电化学敏感元件,将其插入待测溶液中时,在膜 - 液界面上产生一特定的电势响应值。电势与离子活度间的关系可用能斯特(Nernst)方程来描述。若以甘汞电极作为参比电极,则有下式成立:

$$E = E_0 + \frac{RT}{F} \ln a(Ca^{2+}) \tag{2-9-1}$$

由于

$$a(Ca^{2+}) = \gamma c(Ca^{2+}) \tag{2-9-2}$$

根据德拜 - 休克尔公式:

$$\ln \gamma_i = -Az_i^2 \sqrt{I} \tag{2-9-3}$$

$$E = E_0 + \frac{RT}{F} \ln \gamma_i + \frac{RT}{F} \ln c(Ca^{2+}) \tag{2-9-4}$$

式(2-9-3)中,$I$ 为离子强度,且随钙离子浓度不同而不同,会导致 $\gamma_i$ 随钙离子浓度变化而改变,致使 $E$ 由两个变量决定,使 $E$ 与 $\ln c(Ca^{2+})$ 不再符合线性关系。只有加入浓度较高的离子调节剂,固定离子强度,$\gamma_i$ 方可视作定值。所以,式(2-9-1)可写为

$$E=E_0'+\frac{RT}{F}\ln c(\text{Ca}^{2+}) \tag{2-9-5}$$

由上式可知,$E$ 与 $\ln c(\text{Ca}^{2+})$ 之间呈线性关系。只要我们测出不同 $c(\text{Ca}^{2+})$ 值时的电势值 $E$,作 $E$-$\ln c(\text{Ca}^{2+})$ 图,就可了解电极的性能,并可确定其测量范围。

### 2. 离子选择性电极的选择性及选择性系数

离子选择性电极对待测离子具有特定的响应特性,但其他离子仍可对其产生一定的干扰。电极选择性的好坏,常用选择性系数表示。若以 $i$ 和 $j$ 分别代表待测离子及干扰离子,则

$$E=E_0\pm\frac{RT}{nF}\ln\left(a_i+k_{i/j}a_j\frac{z_i}{z_j}\right) \tag{2-9-6}$$

式中,$z_i$ 及 $z_j$ 分别代表 $i$ 和 $j$ 离子的电荷数;$k_{i/j}$ 为该电极对 $j$ 离子的选择性系数。式中的"-"及"+"分别适用于阴、阳离子选择性电极。

由上式可见,$k_{i/j}$ 越小,表示 $j$ 离子对待测离子的干扰越小,也就表示电极的选择性越好。通常把 $k_{i/j}$ 值小于 $10^{-3}$ 认为无明显干扰。

当 $z_i=z_j$ 时,测定 $k_{i/j}$ 最简单的方法是分别溶液法。就是分别测定在具有相同活度的离子 $i$ 和 $j$(即 $a_i=a_j$)的两个溶液中该离子选择性电极的电势 $E_1$ 和 $E_2$,则

$$E_1=E_0\pm\frac{RT}{nF}\ln(a_i+0) \tag{2-9-7}$$

$$E_2=E_0\pm\frac{RT}{nF}\ln\left(0+k_{i/j}a_j\frac{z_i}{z_j}\right) \tag{2-9-8}$$

$$\Delta E=E_1-E_2=\pm\frac{RT}{nF}\ln k_{i/j} \tag{2-9-9}$$

对于阳离子:
$$\ln k_{i/j}=\frac{(E_2-E_1)nF}{RT} \tag{2-9-10}$$

若 $z_i\neq z_j$ 时,
$$\ln k_{i/j}=\frac{(E_2-E_1)nF}{RT}+\left(1-\frac{z_i}{z_j}\right) \tag{2-9-11}$$

本实验为测定牛奶中的钙离子浓度,而在牛奶中浓度较大的阳离子为钠离子,故测定的离子选择性系数为 $k(\text{Ca}^{2+}/\text{Na}^+)$。

### 三、实验仪器和试剂

pH 计;217 型饱和甘汞电极;钙离子选择性电极;氯离子选择性电极;容量瓶(50 mL);移液管

KCl 溶液(2 mol·L$^{-1}$);CaCl$_2$ 溶液(0.1 mol·L$^{-1}$);NaCl 溶液(0.1 mol·L$^{-1}$);纯果汁饮料

## 四、实验步骤

### (一)基础实验部分

#### 1. 标准溶液配制

用 0.1 mol·L$^{-1}$ CaCl$_2$ 标准液分别配制 $3 \times 10^{-2}$ mol·L$^{-1}$、$1 \times 10^{-2}$ mol·L$^{-1}$、$3 \times 10^{-3}$ mol·L$^{-1}$、$1 \times 10^{-3}$ mol·L$^{-1}$、$3 \times 10^{-4}$ mol·L$^{-1}$、$1 \times 10^{-4}$ mol·L$^{-1}$ 的 CaCl$_2$ 溶液 50 mL。配制时每份溶液需先加入 5 mL 2.0 mol·L$^{-1}$ KCl 溶液。

#### 2. 标准溶液测量

将钙离子选择性电极和甘汞电极放入溶液中,测出电动势值。测量顺序从低浓度到高浓度。

#### 3. 自来水、蒸馏水和牛奶中钙离子含量的测定

每个样品配制 50 mL 溶液:先加入 5 mL 2.0 mol·L$^{-1}$ KCl 溶液,再用样品定容至 50 mL。测出各溶液的电动势值。

#### 4. 离子选择性系数 $k$(Ca$^{2+}$/Na$^+$) 的测定

直接测量 0.1 mol·L$^{-1}$ CaCl$_2$ 溶液和 0.1 mol·L$^{-1}$ NaCl 溶液的电动势,读取 3 次数值。

### (二)拓展实验部分

设计实验,用氯离子选择性电极测定纯果汁饮料(如梨汁等)和自来水中的氯离子浓度。

## 五、实验数据处理

1. 以标准溶液的 $E$ 对 ln$c$ 作图绘制标准曲线。
2. 根据标准曲线,计算自来水和牛奶、蒸馏水中钙离子的浓度。
3. 计算 0.1 mol·L$^{-1}$ Ca$^{2+}$ 条件下的选择性系数 $k$(Ca$^{2+}$/Na$^+$) 的值。
4. 根据设计实验的数据,得到纯果汁饮料(如梨汁等)和自来水中的氯离子浓度。

## 六、注意事项

实验结束后,甘汞电极保留在蒸馏水中。

## 七、思考题

1. 离子选择性电极测试工作中,为什么要调节溶液离子强度?
2. 如何选择适当的离子强度调节液?

3. pH 计是否需要调零?

4. 用标准曲线进行分析工作时,需注意哪些问题?

## 2-10　电导法研究弱电解质的解离规律

### 一、实验目的

1. 了解溶液电导(率)的基本概念;

2. 学会求强电解质和弱电解质在无限稀释时的摩尔电导率;

3. 了解溶液浓度、电解质离子性质等对溶液中离子导电性的影响;

4. 掌握应用电导率仪测定电导率的实验方法和技术;

5. 掌握用电导法测定弱电解质的解离平衡常数和难溶盐的溶解度的基本原理和方法。

### 二、实验原理

#### 1. 解离平衡常数 $K_c^\ominus$ 的测定原理

弱酸属弱电解质,在溶液中是部分解离的。以乙酸(HAc)为例,在水溶液中达到解离平衡,当溶液中离子强度很小时,其解离平衡常数与物质的量浓度 $c$(单位为 $mol \cdot L^{-1}$)及解离度 $\alpha$ 的关系推导如下:

$$CH_3COOH \longrightarrow CH_3COO^- + H^+$$

| | | | |
|---|---|---|---|
| 起始浓度 | $c$ | 0 | 0 |
| 平衡浓度 | $c(1-\alpha)$ | $c\alpha$ | $c\alpha$ |

则

$$K_c^\ominus = \frac{\alpha^2}{1-\alpha} \cdot \frac{c}{c^\ominus} \qquad (2\text{-}10\text{-}1)$$

式中,$K_c^\ominus$ 为乙酸的标准解离平衡常数。在一定温度下 $K_c^\ominus$ 是常数,因此可以通过测定乙酸在不同浓度时的解离度求出 $K_c^\ominus$。

因弱电解质部分解离,对电导有贡献的仅仅是已解离的部分,溶液中离子的浓度又很低,可以认为已解离出的离子独立迁移,故根据科尔劳施(Kohlrausch)离子独立迁移定律,对弱电解质来说,其解离度近似等于摩尔电导率 $\Lambda_m$(单位为 $S \cdot m^2 \cdot mol^{-1}$)和无限稀释摩尔电导率 $\Lambda_m^\infty$ 之比,即

$$\alpha = \frac{\Lambda_m}{\Lambda_m^\infty} \qquad (2\text{-}10\text{-}2)$$

代入式(2-10-1),得

$$K_c^\ominus = \frac{\Lambda_m^2}{\Lambda_m^\infty(\Lambda_m^\infty - \Lambda_m)} \cdot \frac{c}{c^\ominus} \tag{2-10-3}$$

因此,解离平衡常数可以通过测定摩尔电导率 $\Lambda_m$ 和 $\Lambda_m^\infty$ 的方法求出。

### 2. 摩尔电导率 $\Lambda_m$ 和 $\Lambda_m^\infty$ 的测定原理

在电解质的溶液中,电导 $G$(单位为 S)是电阻的倒数,因此可用两个电极插入溶液中,以测出两极间的电阻 $R$ 来求出电导。在电导池中,电导的大小与两极之间的距离 $l$ 成反比,与电极的面积 $A$ 成正比。

$$G = \frac{1}{R} = \kappa \frac{A}{l} \tag{2-10-4}$$

式中,$\kappa$ 为电导率,单位为 $S \cdot m^{-1}$。由上式可得

$$\kappa = \frac{l}{A} \cdot \frac{1}{R} = K_{cell} G \tag{2-10-5}$$

对于固定的电导池,$l$ 和 $A$ 是定值,故比值 $l/A$ 为一常数,以 $K_{cell}$ 表示,称为电导池常数,单位为 $m^{-1}$。为了防止极化,通常将铂电极镀上一层铂黑,因此真实面积 $A$ 无法直接测量,通常将已知电导率 $\kappa$ 的电解质溶液(一般用的是标准的 $0.010\,00\ mol \cdot L^{-1}$ KCl 溶液)注入电导池中,然后测定其电阻 $R$,即可算得电导池常数 $K_{cell}$,当电导池常数 $K_{cell}$ 确定后,就可用该电导池测定某一浓度溶液的电导率。

根据摩尔电导率的定义,摩尔电导率和电导率有如下关系:

$$\Lambda_m = \frac{\kappa}{c \times 1\,000} \tag{2-10-6}$$

式中,$c$ 为溶液的浓度(单位为 $mol \cdot L^{-1}$)。因此,只要测定了浓度为 $c$ 的溶液的电导率 $\kappa$,其摩尔电导率即可根据式(2-10-6)求出。

弱电解质溶液的 $\Lambda_m^\infty$ 可以根据科尔劳施离子独立迁移定律由相应的强电解质溶液无限稀释时的摩尔电导率求得。如乙酸(HAc)溶液:

$$\Lambda_m^\infty(HAc) = \Lambda_m^\infty(HCl) + \Lambda_m^\infty(NaAc) - \Lambda_m^\infty(NaCl) \tag{2-10-7}$$

而强电解质溶液无限稀释时的电导率 $\Lambda_m^\infty$ 则可通过科尔劳施经验式外推求得:

$$\Lambda_m = \Lambda_m^\infty - A\sqrt{c} \tag{2-10-8}$$

式中,$A$ 为经验常数。将 $\Lambda_m$ 对浓度的平方根 $\sqrt{c}$ 作图,外推到浓度为零时即可求得强电解质的 $\Lambda_m^\infty$(即由截距求出)。

$BaSO_4$、AgCl 等难溶盐(通式可写为 $C_{\nu_+}A_{\nu_-}$)的溶解度很小,采用通常的方法很难测量其溶解度。但是难溶盐在水中微量溶解的部分是完全解离的,因此常用测其饱和溶液电导率的方法来求算其溶解度 $c$,依据的公式是 $\Lambda_m = \frac{\kappa(盐)}{c \times 1\,000}$($c$ 的单位为 $mol \cdot L^{-1}$)。难溶盐饱和溶液的电导率 $\Lambda_m$ 与其无限稀释时的电导率 $\Lambda_m^\infty$ 近似相等,即 $\Lambda_m \approx \Lambda_m^\infty$。而 $\Lambda_m^\infty$ 可以根据科尔劳

施离子独立迁移定律由相应的强电解质溶液无限稀释时的摩尔电导率求得,或者可通过查表得到。值得注意的是,难溶盐在水中的溶解度极低,其饱和溶液的电导率实际是难溶盐解离出的正、负离子及溶剂水解离出的正、负离子($H^+$ 和 $OH^-$)的电导率之和,所以 $\kappa$(盐)= $\kappa$(溶液)$-\kappa$(水)。难溶盐的溶度积 $K_{sp}$ 的求算公式为

$$K_{sp}=c_+^{\nu_+}c_-^{\nu_-} \tag{2-10-9}$$

式中,$c_+$、$c_-$ 分别是难溶盐解离出的正、负离子的浓度。例如,对于 AgCl 的饱和溶液,其 $K_{sp}=c(Ag^+)c(Cl^-)$。

## 三、实验仪器和试剂

电导率仪;恒温槽;小烧杯(100 mL);容量瓶(50 mL);移液管(25 mL)

KCl 溶液($0.020\,0$ mol·L$^{-1}$);HAc 溶液($0.500$ mol·L$^{-1}$);HCl 溶液($0.020\,0$ mol·L$^{-1}$);NaCl 溶液($0.020\,0$ mol·L$^{-1}$);NaAc 溶液($0.020\,0$ mol·L$^{-1}$);蒸馏水;AgCl

## 四、实验步骤

### (一)基础实验部分

#### 1. 调节温度

调节恒温槽温度至 25.00 ℃。

#### 2. 一系列浓度的电解质溶液配制

用移液管准确移取各标准溶液到 50 mL 容量瓶中,用蒸馏水定容,按表 2-10-1 配制一系列浓度的溶液。

表 2-10-1   不同浓度的溶液                                    (单位:mol·L$^{-1}$)

| 电解质 | 1 | 2 | 3 | 4 |
|--------|-----------|-----------|-----------|-----------|
| NaCl | 0.010 0 | 0.008 0 | 0.006 0 | 0.004 0 |
| HAc | 0.250 0 | 0.200 0 | 0.150 0 | 0.100 0 |
| NaAc | 0.001 0 | 0.002 0 | 0.003 0 | 0.004 0 |
| HCl | 0.010 0 | 0.008 0 | 0.006 0 | 0.004 0 |

#### 3. 校正电导率仪

25 ℃下用 $0.020\,0$ mol·L$^{-1}$ KCl 溶液做电导率仪校正。或者按照仪器说明书正确校正电导率(仪器操作视频请扫二维码)。

#### 4. 测定溶液的电导率

用少量待测溶液润洗电极管 3 次后,测量待测溶液的电导率值。按照浓度由低到高的

顺序测定 NaCl、HCl、NaAc 和 HAc 待测溶液。

### 5. 测量电导率

测量自来水和电导水的电导率。

#### (二) 拓展实验部分

设计实验利用电导法测定难溶盐 AgCl 的溶解度和溶度积常数。

## 五、实验数据处理

1. 将所测实验结果列表。

2. 根据公式 $\Lambda_m = \dfrac{\kappa}{c \times 1\,000}$ 计算 NaCl、HAc、NaAc、HCl 等溶液在不同浓度下的摩尔电导率值 $\Lambda_m$，列入表中。

3. 分别对 NaCl、HCl、NaAc 作 $\Lambda_m - \sqrt{c}$ 图，由截距求出 $\Lambda_m^\infty(NaCl)$、$\Lambda_m^\infty(HCl)$ 和 $\Lambda_m^\infty(NaAc)$ 的数值，并根据 $\Lambda_m^\infty(HAc) = \Lambda_m^\infty(HCl) + \Lambda_m^\infty(NaAc) - \Lambda_m^\infty(NaCl)$ 计算出 $\Lambda_m^\infty(HAc)$。

4. 计算 HAc 在不同浓度下的解离度和解离平衡常数，并将平均值与理论值进行比较。

5. 根据设计的电导法得到的结果，计算 AgCl 的溶解度和溶度积常数。

## 六、思考题

1. 测定溶液电导率时为什么要恒温？

2. 强电解质溶液是全部解离的，为什么所测得的 $\Lambda_m$ 随浓度下降而上升？

3. 乙酸的极限摩尔电导率能否用作图法求出？为什么？

4. 为什么浓度越低，摩尔电导率越难准确测定？

5. 电导法还有哪些应用？请列举几例。

## 2-11 电动势法研究化学反应的热力学函数

视频

### 一、实验目的

1. 掌握用电势差计测定原电池电动势和电极电势的原理和方法；
2. 用电动势法研究化学反应的热力学函数。

### 二、实验原理

将化学能转变成电能的装置称为原电池。原电池在放电过程中，正极进行还原反应，负极进行氧化反应。根据电极的能斯特方程可知，电极电势 $\varphi$ 与标准电极电势 $\varphi^\ominus$ 的关系为

$$\varphi = \varphi^{\ominus} + \frac{RT}{nF} \ln \frac{a_{Ox}}{a_{Red}} \tag{2-11-1}$$

式中，$a_{Ox}$、$a_{Red}$ 分别表示电极中氧化态离子和还原态离子的活度；$R$ 为摩尔气体常数 $8.314\ \mathrm{J \cdot K^{-1} \cdot mol^{-1}}$；$T$ 为热力学温度；$F$ 为法拉第常数，其数值为 $96\ 485\ \mathrm{C \cdot mol^{-1}}$；$n$ 为电极反应中得失电子数。

在消除了液接电势以后，电池电动势 $E$ 等于正极电极电势 $\varphi_+$ 与负极电极电势 $\varphi_-$ 之差，即

$$E = \varphi_+ - \varphi_-$$

由于无法确定单独离子的活度，$\varphi$ 的绝对值无法测出，所以实验中采用易于制备、电势稳定、使用方便的甘汞电极作参比电极，与待测电极组成电池，只要测出该原电池的电动势，即可求出电极的电极电势。

在定温、定压及可逆条件下，电池电动势与电池反应的吉布斯自由能变化值 $\Delta_r G_m$ 的关系为

$$\Delta_r G_m = -nFE$$

又由 Gibbs-Helmholtz 公式：

$$\left[ \frac{\partial}{\partial T} \left( \frac{\Delta_r G_m}{T} \right) \right]_p = -\frac{\Delta_r H_m}{T^2} \tag{2-11-2}$$

可得

$$\Delta_r H_m = -nFE + nFT \left( \frac{\partial E}{\partial T} \right)_p \tag{2-11-3}$$

由 $\Delta_r G_m = \Delta_r H_m - T\Delta_r S_m$ 与式（2-11-3）比较，可得到

$$\Delta_r S_m = nF \left( \frac{\partial E}{\partial T} \right)_p \tag{2-11-4}$$

测定不同温度下电池的电动势，便可根据上述公式，计算出电池反应的热力学函数变化值 $\Delta_r G_m$、$\Delta_r H_m$ 和 $\Delta_r S_m$。

为了维持电池反应在接近热力学可逆条件下进行，测量电池电动势必须在无电流（或极小电流）通过时进行，因此常采用对消法测电动势。

图 2-11-1 是对消法测量电动势的电路示意图。图中 $AB$ 为一根长的均匀滑线电阻，工作电池 $E_w$ 经 $R$ 与 $AB$ 构成通路，在 $AB$ 上产生均匀的电势降。D 是双向开关，$E_s$ 为标准电池电动势，$E_x$ 为待测电池电动势，$R$ 为可变电阻，$C$ 为滑动接触点，$G$ 为高灵敏检流计。

测定时先将 D 转向 $E_s$，若 $E_s = 1.018\ 45$ V，则先将 C

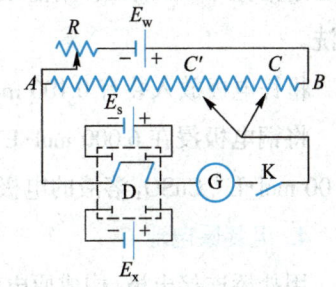

图 2-11-1　对消法测量电动势原理

点(可变电阻箱)移动到 *AB* 滑线上标记为 1.018 45 V 的 *C′* 处,调节可变电阻 *R*,至 G 中无电流通过。这时 $E_s$ 与工作电池 $E_w$ 加到可变电阻 *AC′* 段上的电势降大小相等,方向相反,互相抵消。这样就可确定 *AC′* 上电势降的标度值对应于标准值,即校准过程完成。固定 *R* 保持不变,再将 D 转向与待测 $E_x$ 接通,调节触点至 *C*,使检流计 G 中无电流通过,则 $E_x$ 与 *AC* 的电势降等值反向,互相抵消,可以得到

$$E_x = E_s \frac{AC}{AC'} \tag{2-11-5}$$

本实验测定不同电极组合成的电池的电动势,以及不同温度下电池电动势的变化,由此计算出该电池反应的热力学函数改变值。

## 三、实验仪器和试剂

UJ-25 型电势差计;检流计;干电池或稳压电源;恒温水浴;电极管;盐桥;铜电极(片);标准电池;饱和甘汞电极;锌电极(片);银电极

KCl(A.R.); ZnSO₄(A.R.); CuSO₄(A.R.); H₂SO₄ 溶液(0.500 mol·L⁻¹); Hg₂(NO₃)₂ 溶液; HNO₃ 溶液(6.000 mol·L⁻¹)

## 四、实验步骤

### (一) 基础实验部分

#### 1. 调节温度

调节恒温水浴温度至 25.00 ℃。

#### 2. 溶液配制

配制 0.100 mol·L⁻¹ ZnSO₄ 溶液、0.100 mol·L⁻¹ CuSO₄ 溶液和饱和 KCl 溶液各 100 mL。

#### 3. 电极处理 0.500 mol·L⁻¹ H₂SO₄ 溶液

将锌电极在 0.500 mol·L⁻¹ H₂SO₄ 溶液中浸泡 3 s,取出用蒸馏水淋洗,再浸入饱和硝酸亚汞溶液中 3 s,取出,用滤纸擦拭(汞有剧毒,用完的滤纸丢在盛水的烧杯中),用蒸馏水淋洗。

将锌电极放入装有 0.100 mol·L⁻¹ ZnSO₄ 溶液的电极管中。

将铜电极浸在 6.000 mol·L⁻¹ HNO₃ 溶液中 3 s,取出用蒸馏水淋洗。将铜电极放入装有 0.100 mol·L⁻¹ CuSO₄ 溶液的电极管中。

#### 4. 组装原电池

用盐桥连接电极,构成原电池(如图 2-11-2 所示)。测定以下原电池的电动势:

(1) Zn|ZnSO₄(0.100 mol·L⁻¹)‖CuSO₄(0.100 mol·L⁻¹)|Cu

(2) Zn|ZnSO$_4$(0.100 mol·L$^{-1}$)‖饱和 KCl‖甘汞电极

(3) 甘汞电极‖饱和 KCl|CuSO$_4$(0.100 mol·L$^{-1}$)|Cu

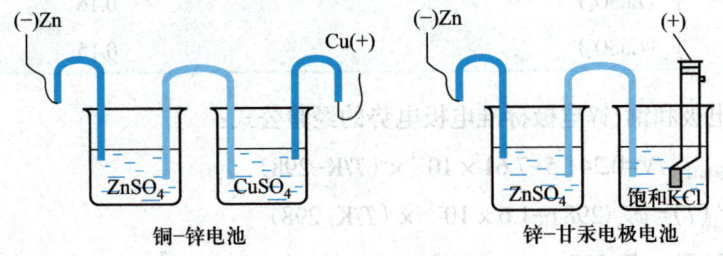

图 2-11-2 电池结构图

### 5. 测电动势

将上述电池同时放入恒温槽中恒温 10 min,连接线路,用标准电池校正电势差计后,测量各电池的电动势 $E_{25}$ 值。每个电池测定 3 次。

### 6. 改变温度测量

调节恒温槽温度,以 4 ℃ 为一个上升梯度,测量上述电池在一系列温度下的电动势值。电势差计的使用具体参见二维码视频。

### (二) 拓展实验部分

用同样的方法测量如下电池的一系列温度(如 25.00 ℃、29.00 ℃、33.00 ℃、37.00 ℃)下的电动势值:

Ag(s),AgCl(s)|饱和氯化钾‖Hg$_2$Cl$_2$(s),Hg(l)

## 五、实验数据处理

1. 列表表示一系列温度下电池电动势的测定值。

2. 根据饱和甘汞电极的电极电势温度校正公式,计算饱和甘汞电极的电极电势。

3. 计算电池(2)、(3)中 Zn|ZnSO$_4$(0.100 mol·L$^{-1}$)及 Cu|CuSO$_4$(0.100 mol·L$^{-1}$)电极的标准电极电势,并与手册值进行比较。

4. 比较电池(1)、电池(2)的电动势的测量值与能斯特方程的计算值,进行误差研究分析。

5. 写出电池(1)的反应式,研究电动势随温度的变化规律,导出该反应的 $\Delta_r G_m$、$\Delta_r H_m$ 和 $\Delta_r S_m$。

6. 写出电池(4)的反应式,研究电动势随温度的变化规律;查询文献,导出该反应的 $\Delta_r G_m$、$\Delta_r H_m$ 和 $\Delta_r S_m$,并与理论值进行比较,进行误差研究分析。

7. 比较电池(1)~(4)电化学性能的稳定性有何不同,分析稳定性产生差别的原因。

处理数据时所需参考数据:

25 ℃ 时 ZnSO$_4$、CuSO$_4$ 的离子平均活度系数见表 2-11-1。

表 2-11-1　ZnSO₄、CuSO₄ 的离子平均活度系数(25℃)

| | 0.100 mol·L⁻¹ |
|---|---|
| $\gamma_\pm$(ZnSO₄) | 0.16 |
| $\gamma_\pm$(CuSO₄) | 0.15 |

饱和甘汞电极和铜、锌电极标准电极电势的经验公式：

$$\varphi_{饱和甘汞}/V = 0.241\ 5 - 7.61 \times 10^{-4} \times (T/K - 298)$$

$$\varphi_{Cu}^\ominus(T) = \varphi_{Cu}^\ominus(298) - 1.6 \times 10^{-5} \times (T/K - 298)$$

$$\varphi_{Zn}^\ominus(T) = \varphi_{Zn}^\ominus(298) + 1.0 \times 10^{-4} \times (T/K - 298) + 3.1 \times 10^{-7} \times (T/K - 298)^2$$

## 六、注意事项

1. 测量回路中注意不能出现断路和正、负极接反等现象。
2. 使用电势差计时，操作要轻。
3. 铜电极的稳定性易受溶液中杂质的影响，实验中途需再次处理铜电极。

## 七、思考题

1. 电极为什么要进行处理？
2. 为什么测电动势要用对消法？对消法测电池电动势的主要原理是什么？
3. 用电势差计测电池电动势，为什么要用标准电池进行校正？
4. 测定的电动势如果不稳定，可能是由于什么原因造成的？
5. 测电动势为什么要用盐桥？如何选用盐桥以适合不同体系？

## 2-12　循环伏安法研究不同体系的电化学规律

视频

### 一、实验目的

1. 学习循环伏安法测定电极反应的基本原理和方法；
2. 熟悉电化学工作站的使用并学会根据循环伏安图判断反应类型。

### 二、实验原理

在一定电势下测量体系的电流，得到伏安特性曲线；再根据伏安特性曲线进行定性定量分析的方法称为伏安分析法。循环伏安法的工作原理如下。将对称的三角波扫描电压(如图 2-12-1 所示)施加于电解池的电极上，记录工作电极上的电流随电压变化的曲线。在三角波的前半部分,电极上若发生还原反应(阴极过程),得到一个峰形的阴极波;而在三角波的后半部分,则得到一个峰形的阳极波。一次三角波电压扫描,电极上完成一个氧化还原循环。当工作电极被施加的扫描电压激发时,其上将产生响应电流。以该电流(纵坐标)对电势(横坐标)作图,就得到了循环伏安法图(如图 2-12-2 所示)。

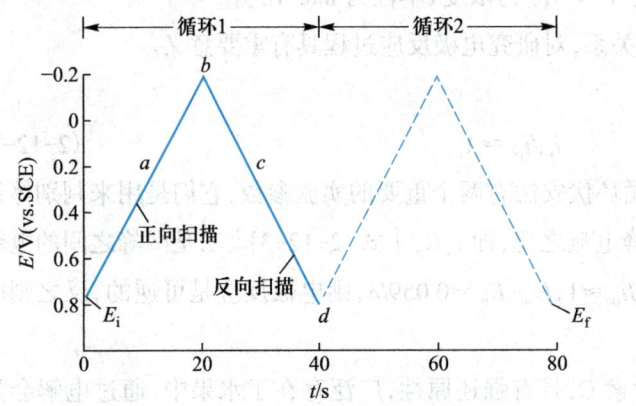

图 2-12-1 循环伏安法的典型激发信号      图 2-12-2 循环伏安法图

$E_{pc}$、$E_{pa}$ 分别为阴极峰值电势与阳极峰值电势。$i_{pc}$、$i_{pa}$ 分别为阴极峰值电流与阳极峰值电流。这里 p 代表峰值,a 代表阳极,c 代表阴极。

$[Fe(CN)_6]^{3-}$ - $[Fe(CN)_6]^{4-}$ 体系氧化还原电对的标准电极电势为

$$[Fe(CN)_6]^{3-} + e^- \rule[0.5ex]{2em}{0.4pt} [Fe(CN)_6]^{4-} \quad \varphi^{\ominus} = 0.36 \text{ V}$$

电极电势与电极表面活度的 Nernst 方程式为:$\varphi = \varphi^{\ominus} + nRT/F\ln(\alpha_{Ox}/\alpha_{Red})$。若已知 $\gamma$ 为活度系数,则 $\alpha_{Ox} = \gamma \cdot c_{Ox}$,$\alpha_{Red} = \gamma \cdot c_{Red}$。在实验中,通常采用添加离子调节液(如 KNO$_3$ 溶液、Na$_2$SO$_4$ 溶液等)的方法来固定离子强度,此时 $\gamma$ 可视为定值,则 $\varphi = \varphi^{\ominus} + nRT/F\ln(c_{Ox}/c_{Red})$。

用循环伏安法正扫时(由正向负的扫描)为阴极扫描,产生还原电流:

$$Fe(CN)_6^{3-} + e^- \rule[0.5ex]{2em}{0.4pt} Fe(CN)_6^{4-}$$

反扫时(由负向正的扫描)为阳极扫描,产生氧化电流:

$$Fe(CN)_6^{4-} - e^- \rule[0.5ex]{2em}{0.4pt} Fe(CN)_6^{3-}$$

两峰之间的电势差值为

$$\Delta E_p = E_{pa} - E_{pc} \approx \frac{0.059}{n} \tag{2-12-1}$$

对于一个体系,循环伏安图中的阴极峰电流由电极上吸附反应物的还原电流和溶液中反应物扩散到电极表面上的还原电流两部分组成。如果吸附反应物引起的还原电流占主要部分,则峰电流与扫描速率 $\upsilon$ 成正比。如果扫描过程中,吸附反应物消耗速率很快,还原电流主要由溶液中的扩散过程所提供,此时电流具有纯扩散电流的性质,即 $i_p$ 与扫描速率的平方根成正比。根据电流与扫描速率关系,可以判断电流主要受哪种过程控制。

对扩散控制的体系,循环伏安的峰电流由 Randles-Savcik 方程可表示为

$$i_p = 2.69 \times 10^5 n^{3/2} A D^{1/2} v^{1/2} c \tag{2-12-2}$$

式中,$i_p$ 为峰电流(单位为 A),$n$ 为电子转移数,$A$ 为电极面积(单位为 $cm^2$),$D$ 为扩散系数(单位为 $cm^2 \cdot s^{-1}$),$v$ 为扫描速率(单位为 $V \cdot s^{-1}$),$c$ 为浓度(单位为 $mol \cdot L^{-1}$)。

上式中,$i_p$ 与 $v^{1/2}$ 和 $c$ 都呈线性关系,对研究电极反应过程具有重要意义。

在可逆电极反应过程中,有

$$i_{pa}/i_{pc} \approx 1 \tag{2-12-3}$$

对一个简单的电极反应过程,循环伏安法有两个重要的实验参数,它们是用来判别体系是否为可逆体系的重要依据:一是峰电流之比,即 $i_{pa}/i_{pc}$ [式(2-12-3)],二是两峰之间的电势差,即 $E_{pa}-E_{pc}$ [式(2-12-1)]。若 $i_{pa}/i_{pc} \approx 1$,$E_{pa}-E_{pc} \approx 0.059/n$,则电极反应是可逆的,反之则电极反应是不可逆的。

抗坏血酸($C_6H_8O_6$)又称为维生素 C,具有强还原性,广泛存在于水果中,通过电解会失去两个电子发生氧化反应:

该反应为不可逆反应,经过电化学工作站测定,能得到其循环伏安图。

### 三、实验仪器和试剂

RST5000 电化学工作站;玻碳电极;铂丝电极;甘汞电极;容量瓶(50 mL,100 mL);移液管

抗坏血酸;$K_3Fe(CN)_6$ 溶液($1.00 \times 10^{-2}$ mol·L$^{-1}$);KNO$_3$ 溶液(2.00 mol·L$^{-1}$);H$_2$SO$_4$ 溶液(0.50 mol·L$^{-1}$);Na$_2$SO$_4$ 溶液(0.10 mol·L$^{-1}$);维生素 C 片;乙酰氨基酚;缓冲溶液(pH 6.0)

### 四、实验步骤

#### (一)基础实验部分

##### 1. 溶液的配制

在 50 mL 容量瓶中,加入 2.00 mol·L$^{-1}$ KNO$_3$ 溶液和 $1.00 \times 10^{-2}$ mol·L$^{-1}$ K$_3$Fe(CN)$_6$ 溶液,使稀释的溶液中 KNO$_3$ 浓度为 0.20 mol·L$^{-1}$,K$_3$Fe(CN)$_6$ 浓度为 $5.00 \times 10^{-4}$ mol·L$^{-1}$,然后用蒸馏水定容。

**2. $K_3Fe(CN)_6$ 溶液循环伏安曲线的测定**

(1) 测定循环伏安曲线　在电解池中倒入配制的 $5.00 \times 10^{-4}$ mol·$L^{-1}$ $K_3Fe(CN)_6$(内含 $0.20$ mol·$L^{-1}$ $KNO_3$ 溶液)溶液 50 mL,插入工作电极(玻碳电极)、铂丝电极和饱和甘汞电极,调整电极高度,保证所有电极都插入溶液中。将三个电极通过连接线和电化学工作站仪器连接上。

开机,打开电化学工作站仪器,打开电化学工作站软件(使用见二维码),进行相关参数设置,测量溶液的循环伏安曲线。

(2) 数据分析和记录　分析曲线,记录峰电势和峰电流。

**3. 抗坏血酸溶液循环伏安曲线的测定**

(1) 抗坏血酸溶液的配制　称取抗坏血酸,用蒸馏水定容,配制 $0.01$ mol·$L^{-1}$ 抗坏血酸溶液 100 mL 于 100 mL 褐色容量瓶中。

在 5 个 50 mL 褐色容量瓶中,依次同时加入 $0.10$ mol·$L^{-1}$ $Na_2SO_4$ 溶液 5.0 mL、$0.50$ mol·$L^{-1}$ $H_2SO_4$ 溶液 5.0 mL、$0.01$ mol·$L^{-1}$ 抗坏血酸溶液,使稀释后的溶液中抗坏血酸溶液浓度依次为 $2.00 \times 10^{-4}$ mol·$L^{-1}$、$3.00 \times 10^{-4}$ mol·$L^{-1}$、$4.00 \times 10^{-4}$ mol·$L^{-1}$、$5.00 \times 10^{-4}$ mol·$L^{-1}$、$6.00 \times 10^{-4}$ mol·$L^{-1}$,然后用蒸馏水定容。

(2) 不同浓度抗坏血酸溶液的测定　将溶液倒入电解池中,装上三支电极,按浓度从低到高依次扫描 $2.00 \times 10^{-4}$ mol·$L^{-1}$、$3.00 \times 10^{-4}$ mol·$L^{-1}$、$4.00 \times 10^{-4}$ mol·$L^{-1}$、$5.00 \times 10^{-4}$ mol·$L^{-1}$、$6.00 \times 10^{-4}$ mol·$L^{-1}$ 抗坏血酸溶液,得到循环伏安曲线,分析并记录峰电流和峰电势数据。

**4. 维生素 C 片中抗坏血酸含量的测定**

取一片维生素 C 溶于蒸馏水中,将其转移到 100 mL 褐色容量瓶中,用蒸馏水定容。

移取 5.00 mL 上述溶液到 50 mL 褐色容量瓶中,加入 $0.1$ mol·$L^{-1}$ $Na_2SO_4$ 溶液 5.0 mL、$0.5$ mol·$L^{-1}$ $H_2SO_4$ 溶液 5 mL,用蒸馏水定容。

将 50 mL 溶液倒入电解池中,装上三支电极,扫描溶液,得到循环伏安曲线,记录峰电流和对应的峰电势。

实验结束后,关闭计算机和仪器,用蒸馏水冲洗电极和电解池。拆掉电极和连接线。

**(二) 拓展实验部分**

**1. 测量不同浓度的 $K_3Fe(CN)_6$ 溶液循环伏安图**

选择循环伏安法,将 50 mL $K_3Fe(CN)_6$ 溶液倒入电解池中,插入工作电极、铂丝电极和饱和甘汞电极。按照基础实验部分步骤 2 中的设置(其中扫描速率设置为 $0.02$ V·$s^{-1}$),依次扫描并记录 $1.0 \times 10^{-4}$ mol·$L^{-1}$、$2.0 \times 10^{-4}$ mol·$L^{-1}$、$6.0 \times 10^{-4}$ mol·$L^{-1}$、$8.0 \times 10^{-4}$ mol·$L^{-1}$ 溶液的循环伏安曲线,按照基础实验部分步骤 2 中的数据分析方法,记录每个图中第 2 圈和第 3 圈的峰电流和峰电势。

**2.** 测量乙酰氨基酚溶液的循环伏安图

配制 50 mL $3.0 \times 10^{-3}$ mol·L$^{-1}$ 的乙酰氨基酚溶液,其中含有 25 mL,pH=6.0,浓度为 1.80 mol·L$^{-1}$ 的 $H_2SO_4$ 溶液作为缓冲溶液,装上三电极系统,分别以 250 mV·s$^{-1}$、190 mV·s$^{-1}$、140 mV·s$^{-1}$、90 mV·s$^{-1}$、40 mV·s$^{-1}$ 的速率扫描,按照基础实验部分步骤 2 中的数据分析方法,记录循环伏安曲线。

### 五、数据处理

1. 列表表示 $5.00 \times 10^{-4}$ mol·L$^{-1}$ $K_3Fe(CN)_6$ 溶液循环伏安曲线中扫描速率与峰电势和峰电流的关系,判断该反应体系反应是否为可逆过程,并说明峰电流受何种因素控制。

2. 列表表示不同浓度的抗坏血酸溶液以及抗坏血酸溶液循环伏安曲线的峰电势和峰电流,判断该反应体系反应是否为可逆过程;以抗坏血酸溶液浓度为横坐标,峰电流为纵坐标作出标准曲线图,并计算其中抗坏血酸的含量。

3. 列表表示 $K_3Fe(CN)_6$ 溶液循环伏安曲线中不同浓度与峰电势和峰电流的关系,以峰电流对 $K_3[Fe(CN)_6]$ 溶液浓度 $c$ 作图,分析变化规律。

4. 列表表示乙酰氨基酚溶液循环伏安曲线不同扫描速率与峰电势和峰电流的关系,分析变化规律,推导其氧化还原机理。

### 六、注意事项

1. 扫描过程需保持溶液静止。
2. 电极与电化学工作站之间的连接线彼此不能接触。

### 七、思考题

1. 将循环伏安法用于电化学反应机理研究和定量分析,具有什么优势?

2. 对抗坏血酸溶液进行定量分析,除了循环伏安法还有别的方法吗? 不同方法之间的优劣是什么?

3. 研究乙酰氨基酚的电化学氧化机理时,为什么要改变扫描速率?

## 2-13　旋光法研究蔗糖转化反应的动力学规律

视频

### 一、实验目的

1. 掌握测定蔗糖转化反应速率常数和半衰期的原理;

2. 了解蔗糖转化反应中各物质浓度与旋光度之间的关系;

3. 掌握蔗糖转化反应速率的动力学规律及影响因素。

## 二、实验原理

化学动力学的一个重要内容就是研究化学反应的速率,即研究化学反应从可能性转化为现实性的问题。在均相且体积恒定的反应体系中,通常用单位时间内反应物或产物的浓度变化来表示反应速率。经验表明,大多数反应的反应速率正比于各反应物浓度幂乘积,如反应:

$$aA+dD \Longrightarrow gG+hH$$

反应速率通常可用速率方程表示:

$$r=-\frac{dc_A}{dt}=kc_A^{\alpha}c_D^{\beta} \tag{2-13-1}$$

式中,$k$ 称为速率常数,其值不随反应物浓度的改变而改变。$\alpha+\beta$ 称反应级数,一般由实验来确定。确定了反应级数,就可以进一步由实验数据求出速率常数,从而最终确定速率方程。本实验通过蔗糖水解反应来介绍确定一级反应速率方程的一种方法。

蔗糖水溶液在有 $H^+$ 存在时发生水解反应生成葡萄糖和果糖:

$$C_{12}H_{22}O_{11}(蔗糖)+H_2O \longrightarrow C_6H_{12}O_6(葡萄糖)+C_6H_{12}O_6(果糖)$$

该反应是二级反应,在纯水中该反应的反应速率极其缓慢,通常需要在 $H^+$ 的催化作用下进行。由于反应中水是大量存在的,可近似认为整个反应中水的浓度是恒定的,因此该反应可视为准一级反应。其速率方程为

$$-\frac{dc}{dt}=k_1c \tag{2-13-2}$$

式中,$k_1$ 为反应速率常数,$c$ 为 $t$ 时刻反应物蔗糖的浓度。对上式两边取定积分可得

$$\ln c=-k_1t+\ln c_0 \tag{2-13-3}$$

式中,$c_0$ 为蔗糖的起始浓度。测定反应进行到不同时刻时蔗糖溶液的浓度,然后以 $\ln c$ 对 $t$ 作图,通过线性拟合得到直线斜率,即可计算出 $k_1$。

当 $c=c_0/2$ 时,代入速率方程可得反应的半衰期:

$$t_{1/2}=\frac{\ln 2}{k_1}=\frac{0.693}{k_1} \tag{2-13-4}$$

可见一级反应的半衰期为一常数。由于反应是不断进行的,要快速分析反应中各物质浓度随时间的变化很困难。为了及时准确地测定反应物的浓度,本实验采用旋光法。

当普通光通过偏振透镜或尼科尔棱镜时,一部分光被挡住,只有振动方向与棱镜晶轴平行的光才能通过。这种只在一个平面上振动的光称为平面偏振光,简称偏振光。当平面偏振光通过手性化合物溶液后,偏振面的方向会旋转一个角度,这个旋转的角度称为旋光度,用 $\alpha$ 表示。$\alpha$ 数值的正、负号分别表示右旋和左旋。溶液的旋光度与溶液中所含旋

光物质的旋光能力、溶剂性质、溶液浓度、样品管长度及温度等均有关系。当其他条件不变时,有

$$\alpha = [\alpha]_D^t \cdot l \cdot c \tag{2-13-5}$$

式中,$t$ 为实验温度,D 为钠灯光源 D 线的波长(589 nm),$\alpha$ 为仪器测得的旋光度(°),$l$ 为样品管长度(dm),$c$ 为浓度($g \cdot mL^{-1}$),$[\alpha]_D^t$ 称为比旋光度($° \cdot mL \cdot dm^{-1} \cdot g^{-1}$),它表示样品在入射光源为波长 589 nm 的钠灯光、样品管长度为 1 dm、浓度为 1 $g \cdot mL^{-1}$ 时的旋光度。当除浓度以外其他条件都不变时,容易得出旋光度 $\alpha$ 与浓度 $c$ 呈线性关系:

$$\alpha = Kc \tag{2-13-6}$$

式中,$K$ 为比例常数,与物质的旋光能力、溶剂性质、样品管长度、光源、温度等因素有关。

蔗糖及水解产物均为旋光性物质,蔗糖为右旋性物质,其比旋光度为 $[\alpha]_D^{20} = 66.6 \ ° \cdot mL \cdot dm^{-1} \cdot g^{-1}$;产物中的葡萄糖也是右旋性物质,比旋光度为 $[\alpha]_D^{20} = 52.5 \ ° \cdot mL \cdot dm^{-1} \cdot g^{-1}$;果糖是一种左旋性物质,而且左旋性很大,比旋光度为 $[\alpha]_D^{20} = -91.9 \ ° \cdot mL \cdot dm^{-1} \cdot g^{-1}$。由于产物中果糖的左旋性比葡萄糖的右旋性大,所以产物呈现出左旋性质。因此随着反应的进行,体系右旋光度不断减小,最后经过零点变成左旋,直至蔗糖完全转化,这时体系的左旋光度将达到最大值 $\alpha_\infty$。因为反应体系的旋光度与溶液的组成密切相关,因此可以利用体系在反应过程中旋光度的变化来度量反应进程。

由于在反应过程中,产物葡萄糖和果糖物质的量始终相等且同步变化,可以将两种产物看成一个整体,设反应时间为 0、$t$ 和 $\infty$ 时溶液的旋光度分别为 $\alpha_0$、$\alpha_t$ 和 $\alpha_\infty$,则

$$\alpha_0 = K_{反} c_0 \quad (t=0,\text{蔗糖尚未转化}) \tag{2-13-7}$$

$$\alpha_\infty = K_{产} c_0 \quad (t=\infty,\text{蔗糖全部转化}) \tag{2-13-8}$$

$$\alpha_t = K_{反} c + K_{产}(c_0 - c) \tag{2-13-9}$$

式中,$K_{反}$ 和 $K_{产}$ 分别为反应物和所有产物旋光度的比例常数,$c_0$ 为蔗糖的起始浓度。由于水解完全时,反应物将全部转化为产物,因此 $c_0$ 也是产物的最终浓度。

联立上述三式,可解得

$$c_0 = \frac{\alpha_0 - \alpha_\infty}{K_{反} - K_{产}} = K'(\alpha_0 - \alpha_\infty) \tag{2-13-10}$$

$$c = \frac{\alpha_t - \alpha_\infty}{K_{反} - K_{产}} = K'(\alpha_t - \alpha_\infty) \tag{2-13-11}$$

将上述二式代入一级反应速率方程,可得

$$\ln(\alpha_t - \alpha_\infty) = -k_1 t + \ln(\alpha_0 - \alpha_\infty) \tag{2-13-12}$$

以 $\ln(\alpha_t - \alpha_\infty)$ 对 $t$ 作图,可以得到一条直线,从直线的斜率即可求出反应速率常数 $k_1$,进而求得 $t_{1/2}$。

## 三、实验仪器和试剂

旋光仪;恒温水浴;天平;秒表;锥形瓶(100 mL);烧杯(150 mL);移液管(25 mL);容量瓶(25 mL)

蔗糖(A.R.);HCl 溶液(4.00 mol·L$^{-1}$)

## 四、实验步骤

### (一)基础实验部分

#### 1. 旋光仪零点的测定

打开旋光仪,预热。将蒸馏水装入样品管,测量旋光仪的零点(操作视频请扫二维码)。

#### 2. 溶液的配制

称取一定质量的蔗糖(例如 5 g),并转移到烧杯中,加蒸馏水(例如 25 mL),搅拌,使蔗糖完全溶解。用移液管移取等体积的蔗糖溶液和 4.00 mol·L$^{-1}$HCl 溶液,分别置于两个磨口锥形瓶中。

#### 3. 旋光度 $\alpha_t$ 的测定

将 HCl 溶液倒入装有蔗糖溶液的锥形瓶中,当倒入一半时,开始计时。混合均匀后,迅速用少量反应液润洗旋光管 2 次,然后将反应液装满旋光管,测量旋光度,之后每 1 min 记录 1 次,待旋光度变化缓慢后每 5 min 记录 1 次,直至旋光度变为左旋。

#### 4. 旋光度 $\alpha_\infty$ 的测定

打开水浴,设置恒温水浴温度为 60 ℃。在测量旋光度的同时,将剩余的蔗糖和 HCl 混合溶液置于 60 ℃水浴中加热 40 min,取出后冷却至室温,测其旋光度,即为 $\alpha_\infty$。待数值稳定后,至少再测 3 次,取其平均值。

#### 5. 研究盐酸浓度对反应速率的影响

用 4 mol·L$^{-1}$ HCl 溶液配制 3 mol·L$^{-1}$、2 mol·L$^{-1}$ 和 1 mol·L$^{-1}$ 的 HCl 溶液各 25 mL。

重复步骤 3 和 4,依次测定以下三组反应液的速率常数:20% 蔗糖溶液和 3 mol·L$^{-1}$ HCl 溶液、20% 蔗糖溶液和 2 mol·L$^{-1}$ HCl 溶液、20% 蔗糖溶液和 1 mol·L$^{-1}$ HCl 溶液。

#### 6. 研究蔗糖浓度对反应速率的影响

重复步骤 3 和 4,测定 10% 蔗糖溶液和 4 mol·L$^{-1}$ HCl 溶液的速率常数。

### (二)拓展实验部分

改变反应温度如 30 ℃、35 ℃、40 ℃等,按照基础实验部分步骤 3 和 4,依次测定各温度时的 20% 蔗糖溶液和 4 mol·L$^{-1}$ HCl 溶液的旋光度,研究温度对反应的影响。

### 五、实验数据处理

1. 列出每个反应液的反应时间与溶液旋光度之间的对应关系，以时间 $t$ 为横坐标，以 $\ln(\alpha_t - \alpha_\infty)$ 为纵坐标，作 $\ln(\alpha_t - \alpha_\infty) - t$ 曲线，计算速率常数 $k_1$ 和半衰期 $t_{1/2}$。

2. 根据速率常数 $k_1$ 和半衰期 $t_{1/2}$，讨论盐酸浓度对反应的影响和反应动力学特点。

3. 根据速率常数 $k_1$ 和半衰期 $t_{1/2}$，讨论蔗糖溶液起始浓度对反应的影响和反应动力学特点。

4. 绘制 $\ln k_{表,H} - \ln c(H^+)$ 曲线，求 $k_H$ 值和 $n$ 值；绘制 $k_{表,H} - c^n(H^+)$ 曲线，求 $k_0$ 值和 $k_H$ 值；讨论蔗糖水解反应的动力学特点。

5. 根据不同温度下的速率常数 $k_1$ 和半衰期 $t_{1/2}$，讨论温度对反应的影响和反应动力学特点。

### 六、注意事项

1. 测定 $\alpha_\infty$ 时，水浴温度不能高于 60 ℃，否则容易发生脱水等副反应。

2. 实验完毕一定要洗净旋光管，以免酸腐蚀旋光仪。

3. 测定 $\alpha_t$ 和 $\alpha_\infty$ 时，需选用同一支旋光管，并且应保证旋光管在仪器中的位置和方向保持一致。

### 七、思考题

1. 盛放蔗糖溶液的锥形瓶和旋光管是否都需要用待测溶液润洗？为什么？

2. 混合蔗糖溶液和盐酸时，是否可以将蔗糖溶液加到盐酸中？为什么？

3. 在测定 $\alpha_t$ 时，为什么初始时间间隔较短？

4. 在测定 $\alpha_\infty$ 时，是否可以直接从恒温水浴中取出不经冷却的溶液直接进行测定？为什么？

5. 蔗糖水解反应的速率常数与哪些因素有关？

## 2-14　电导滴定法研究乙酸乙酯皂化反应的动力学规律

视频

### 一、实验目的

1. 了解二级反应的特点，掌握初始反应物浓度相同的二级反应速率方程积分式；

2. 掌握电导滴定法测定乙酸乙酯皂化反应的速率系数的测定方法；

3. 掌握活化能的推求方法。

## 二、实验原理

化学反应过程中随着反应的进行反应物和产物的浓度不断发生变化,所以最常见的测定反应速率的方法就是监测反应过程中物质的浓度变化。浓度的计算有很多种方法,可以是化学方法也可以是物理方法。化学方法一般是在不同时刻取出一定量反应液,设法用骤冷、冲稀、加阻化剂、除去催化剂等方法使反应立即停止,然后进行化学分析,检测体系中各物质浓度。这种方法相对比较烦琐,故还可以运用物理方法,即通过监测与浓度有定量关系的物理量(如压力、旋光度、折射率、电导率、电动势、黏度等)的变化,从而间接求得浓度变化。比如可以利用电导率随化学反应的变化来测量反应速率系数(电导滴定法),也可以利用 pH 随化学反应的变化来测量反应速率系数(pH 法)。

除此之外,因为化学反应过程中往往伴随着热效应,所以我们还可以用自动热量计连续、准确地检测和记录化学反应的热谱曲线,再根据热谱曲线并结合有关的热动力学方程来计算反应速率系数(量热法)。

量热法、电导滴定法和 pH 法这三种方法中,量热法因为测的是反应中的热效应,所以适用范围最广;其次是电导滴定法,要求反应体系中有能导电的物质;而 pH 法适用范围最窄,一般用于酸碱反应。但量热法测量热效应相对麻烦,电导法和 pH 法更简便一些,而 pH 法的数据稳定性又优于电导法。关于各方法的详细的测量原理等可参阅有关专著,下面仅简单介绍本实验采用的电导滴定法的基本原理。

乙酸乙酯皂化反应是一个二级反应。若溶液中反应物 $CH_3COOC_2H_5$ 和 NaOH 的初始浓度为 $c_0$,经过反应时间 $t$ 后生成的 $CH_3COONa$ 和 $C_2H_5OH$ 的浓度为 $x$,忽略逆反应,则反应物浓度、产物浓度与时间的关系为

$$CH_3COOC_2H_5 + NaOH \longrightarrow CH_3COONa + C_2H_5OH$$

| $t=0$ | $c_0$ | $c_0$ | 0 | 0 |
| $t=t$ | $c_0-x$ | $c_0-x$ | $x$ | $x$ |
| $t \to \infty$ | 0 | 0 | $c_0$ | $c_0$ |

则其反应速率方程可表示为

$$\frac{dx}{dt} = k\left(c_0-x\right)^2 \qquad (2\text{-}14\text{-}1)$$

解得

$$\frac{1}{c_0-x} - \frac{1}{c_0} = kt \qquad (2\text{-}14\text{-}2)$$

只要测出反应进程中任意时刻 $t$ 时的 $x$ 值,再将已知初始浓度 $c_0$ 代入式(2-14-2),即可计算出反应速率系数 $k$ 的值。

因为反应体系中 $CH_3COOC_2H_5$ 和 $C_2H_5OH$ 不能解离,而 NaOH 和 $CH_3COONa$ 可以解离,所以反应体系导电率值的变化是由 NaOH 和 $CH_3COONa$ 的浓度变化引起的。因为相同浓度条件下 NaOH 的电导率大于 $CH_3COONa$,所以随着反应的进行整个反应体系的电导率将逐渐减小。

低浓度时,可忽略 NaOH 和 $CH_3COONa$ 的摩尔电导率随浓度的变化,它们的电导率与浓度近似成正比,因此反应体系初始电导率 $\kappa_0$、完全反应后电导率 $\kappa_\infty$ 及 $t$ 时刻电导率 $\kappa_t$ 与 $c_0$ 和 $x$ 之间的关系可记为

$$\kappa_0 = \Lambda_{m,NaOH} c_0 \tag{2-14-3}$$

$$\kappa_\infty = \Lambda_{m,CH_3COONa} c_0 \tag{2-14-4}$$

$$\kappa_t = \Lambda_{m,NaOH}(c_0 - x) + \Lambda_{m,CH_3COONa} x \tag{2-14-5}$$

将式(2-14-2)-式(2-14-5)方程组联立,可解得

$$c_0 kt = \frac{\kappa_0 - \kappa_t}{\kappa_t - \kappa_\infty} \tag{2-14-6}$$

据式(2-14-6)可知,只要测出 $\kappa_0$、$\kappa_\infty$ 以及一系列不同时刻 $t$ 对应的电导率 $\kappa_t$,然后以时间 $t$ 为横坐标,$\dfrac{\kappa_0 - \kappa_t}{\kappa_t - \kappa_\infty}$ 为纵坐标作图,应得一直线,则由直线斜率除以初始反应物浓度 $c_0$ 即可求出反应速率系数 $k$。

乙酸乙酯皂化反应的反应速率系数与温度之间的关系可以用阿伦尼乌斯公式来表示。根据阿伦尼乌斯公式的定积分式:

$$\ln \frac{k_2}{k_1} = \frac{E_a}{R} \times \frac{T_2 - T_1}{T_2 T_1} \tag{2-14-7}$$

变形可得

$$E_a = \frac{T_2 T_1}{T_2 - T_1} R \times \ln \frac{k_2}{k_1} \tag{2-14-8}$$

因此只需测定两个不同温度下的反应速率系数,即可计算出反应的活化能 $E_a$。

### 三、实验仪器和试剂

DDS-307 型电导率仪;DJS-1C 型铂黑电导电极;恒温水浴;滴定管;锥形瓶;移液管
NaOH 溶液(0.10 mol·L$^{-1}$);乙酸乙酯(A.R.)

### 四、实验步骤

#### (一) 基础实验部分

#### 1. 开启恒温水浴
开启恒温水浴,调节水浴温度为 25.00 ℃。(操作见二维码)

**2. 标定约 0.10 mol·L$^{-1}$ NaOH 溶液的浓度**

按照标定 20 mL 0.10 mol·L$^{-1}$ NaOH 溶液的量,称量邻苯二甲酸氢钾两份,溶于水。用 NaOH 溶液滴定邻苯二甲酸氢钾溶液,计算 NaOH 的准确浓度。

**3. 初始电导率的测定**

加入 50 mL 约 0.10 mol·L$^{-1}$ NaOH 溶液于容量瓶中,配制约 0.01 mol·L$^{-1}$ NaOH 溶液 500 mL。再准确移取 100.00 mL 溶液,置于锥形瓶中,放入电导电极,恒温 10 min,测量电导率。(操作见二维码视频)

**4. 反应过程中电导率的测定**

确定乙酸乙酯的用量(体积)。用移液枪准确移取乙酸乙酯,迅速加入已测过 $\kappa_0$ 的溶液中,一边加一边辅助摇动。加入时开始记时并记录。0~5 min 每 30 s 记录一次,5~10 min 每分钟记录一次,10~20 min 每 2 min 记录一次,20~35 min 每 5 min 记录一次,35 min 停止实验。重复一遍。

**5. 反应活化能的测定**

将恒温水浴温度调至 35.00 ℃,按步骤 3 和 4 测量初始电导率和反应过程中的电导率。测量两遍。

**6. 实验结束**

实验结束后,电极保存在蒸馏水中。

（二）拓展实验部分

用 pH 法测定该反应的反应速率系数。

## 五、实验数据处理

1. 列表法记录所有实验数据。

2. 在同一坐标系中,分别作出两个温度下 $\dfrac{\kappa_0-\kappa_t}{\kappa_t-\kappa_\infty}-t$ 的图。

3. 分别计算两个不同温度的反应速率系数 $k_1$、$k_2$。

4. 分别计算两个不同温度下反应的半衰期 $t_{1/2}$。

5. 计算反应的活化能。

6. 将式（2-14-6）整理变形,可得

$$\kappa_t = \frac{1}{c_0 k} \cdot \frac{\kappa_0-\kappa_t}{t} + \kappa_\infty \qquad (2\text{-}14\text{-}9)$$

若以 $\dfrac{\kappa_0-\kappa_t}{t}$ 为横坐标,以 $\kappa_t$ 为纵坐标作图,则可由斜率的倒数除以初始浓度 $c_0$ 来计算反应速率系数 $k$。这种方法无须测定完全反应后体系的电导率 $\kappa_\infty$。

式(2-14-6)还可整理变形成

$$\kappa_t = c_0 k \cdot (\kappa_\infty - \kappa_t) t + \kappa_0 \qquad\qquad (2\text{-}14\text{-}10)$$

若以$(\kappa_\infty - \kappa_t)t$为横坐标,以$\kappa_t$为纵坐标作图,可由斜率除以初始浓度$c_0$来计算反应速率系数$k$。这种方法无须测定初始反应体系的电导率$\kappa_0$。

请分别用式(2-14-9)和式(2-14-10)处理实验数据,并与运用式(2-14-6)计算出的反应速率系数相比较。

## 六、注意事项

测量电导率时,电导电极的铂黑片必须完全浸没在待测溶液中;铂黑电极不使用时需保存在蒸馏水中。

## 七、思考题

1. 为什么实验用的 NaOH 溶液和乙酸乙酯溶液必须是稀溶液?

2. 为什么实验用的 NaOH 溶液要新配制?

3. 如果由于某些原因不知道电导池常数,直接将电导池常数值设为 1 来测定溶液电导率,是否会对测得的反应速率系数值产生影响?

4. 如果在溶液开始反应 2 min 后才想起按动秒表开始计时,是否会对测得的反应速率系数值产生影响?

# 2-15　溶液表面吸附规律的实验研究

## 实验方案一　最大气泡法测定溶液的表面张力

### 一、实验目的

视频

1. 了解表面张力的概念及影响因素,了解溶液表面吸附作用和吉布斯吸附定温式;

2. 掌握最大气泡法测定液体表面张力的原理和技术;

3. 测定不同浓度正丁醇溶液的表面张力,并用图解法和曲线拟合法计算表面吸附量。

### 二、实验原理

物体表面层分子和内部分子所处的环境不同,表面层分子受到向内的拉力,所以液体表面都有自动缩小的趋势。如果把一个分子由内部迁移到表面,就需要对抗拉力而做功。

在温度、压力和组成恒定时，表面可逆地增加 d$A$ 所需对体系做的功，叫表面功，可以表示为

$$\delta W' = \gamma dA \tag{2-15-1}$$

$\gamma$ 在数值上等于当 $T$、$p$ 和组成恒定的条件下增加单位表面积所必须对体系做的可逆非膨胀功，也可以说是每增加单位表面积时体系自由能的增加值。环境对体系做的表面功转变为表面层分子比内部分子多余的自由能，称表面自由能，用 $\gamma$ 表示，其单位是 J·m$^{-2}$。

从另外一方面考虑表面现象，特别是观察气 – 液界面的一些现象，可以觉察到表面上处处存在着一种力，它力图缩小表面积，此力称为表面张力，其数值与表面自由能相同，故也用 $\gamma$ 表示，单位是 N·m$^{-1}$。表面张力是液体的重要特性之一，与所处的温度、压力、浓度及共存的另一相的组成有关。纯液体的表面张力通常是指该液体与饱和了其本身蒸气的空气共存的情况而言。

纯液体表面层的组成与内部层相同，因此，液体降低体系表面自由能的唯一途径是尽可能缩小其表面积。对于溶液，则由于溶质会影响表面张力，因此可以调节溶质在表面层的浓度来降低表面自由能。根据能量最低原则，溶质能降低溶剂的表面张力时，表面层中溶质的浓度应比溶液内部大；反之，溶质使溶剂的表面张力升高时，它在表面层中的浓度比在内部的浓度低，这种溶液表面浓度与内部浓度不同的现象叫"吸附"。显然，在指定温度和压力下，吸附与溶液的表面张力及溶液的浓度有关，Gibbs 用热力学的方法推导出它们之间的关系式：

$$\Gamma = -\frac{c}{RT}\left(\frac{\partial \gamma}{\partial c}\right)_T \tag{2-15-2}$$

式中，$\Gamma$ 为吸附量（单位为 mol·m$^{-2}$），$\gamma$ 为溶液的表面张力（单位为 N·m$^{-1}$），$T$ 为热力学温度，$c$ 为溶液浓度（单位为 mol·L$^{-1}$），$R$ 为摩尔气体常数（单位为 J·mol$^{-1}$·K$^{-1}$）。

当 $\left(\frac{\partial \gamma}{\partial c}\right)_T < 0$ 时，$\Gamma > 0$，称为正吸附；反之，当 $\left(\frac{\partial \gamma}{\partial c}\right)_T > 0$ 时，$\Gamma < 0$，称为负吸附。前者表明加入溶质使液体表面张力下降，此类物质称表面活性物质；后者表明加入溶质使液体表面张力升高，此类物质称非表面活性物质。

对于表面活性物质形成的溶液，以 $\gamma$–$c$ 作等温曲线，可以预测 $\gamma$ 将随 $c$ 的增加而减小，如图 2-15-1 所示，在 $\gamma$–$c$ 曲线上任找一点 $a$（浓度为 $c$），过 $a$ 点作切线 $ab$ 交 $\gamma$ 轴于 $b$，同时过 $a$ 作 $c$ 轴的平行线交交 $\gamma$ 轴于 $b'$，令 $bb'$ 的长度为 $Z$，则 $a$ 点切线的斜率为

$$\left(\frac{\partial \gamma}{\partial c}\right)_T = \frac{Z}{0-c} = -\frac{Z}{c} \tag{2-15-3}$$

图 2-15-1 在 $\gamma$–$c$ 图上作切线求 $Z$

代入 Gibbs 吸附公式，可得

$$\Gamma = \frac{Z}{RT} \tag{2-15-4}$$

量出不同浓度时的 $Z$（单位为 N·m$^{-1}$）值即可求出对应浓度时气 – 液界面上的吸附量 $\Gamma$。在稀溶液范围内，吸附量与溶液浓度间的关系可以用 Langmuir 经验式表示：

$$\Gamma = \Gamma_\infty \cdot \frac{kc}{1+kc} \tag{2-15-5}$$

式中，$\Gamma_\infty$ 为溶液全部表面都被溶质占据时的饱和吸附量，$k$ 为常数。将上式整理后可得

$$\frac{c}{\Gamma} = \frac{c}{\Gamma_\infty} + \frac{1}{k\Gamma_\infty} \tag{2-15-6}$$

以 $\frac{c}{\Gamma}$ 对 $c$ 作图，可由直线斜率和截距得到 $\Gamma_\infty$ 和常数 $k$。

在饱和吸附的状态下，设每平方米表面溶质分子数为 $N$，则有 $N = \Gamma_\infty L$（$L$ 为 Avogadro 常数），可以近似求得溶质分子的横截面积 $A_m$：

$$A_m = \frac{1}{\Gamma_\infty L} \tag{2-15-7}$$

本实验的关键在于表面张力 $\gamma$ 的测定。测定液体表面张力的方法有很多种，最大气泡法的基本原理如下：

从浸入液面下的毛细管端鼓出空气泡，需要高于外部大气压的附加压力以克服气泡的表面张力，此附加压力符合 Laplace 公式，与表面张力 $\gamma$ 成正比，与气泡的曲率半径 $R$ 成反比：

$$\Delta p = \frac{2\gamma}{R} \tag{2-15-8}$$

如果毛细管半径很小，则形成的气泡基本上是球形的。如图 2-15-2 所示，当气泡开始形成时，表面几乎是平的，这时曲率半径最大；随着气泡的形成，曲率半径逐渐变小，直到形成半球形，这时曲率半径与毛细管内径 $r$ 相同，且为半径的最小值，根据 Laplace 公式，这时附加压力达到最大值。若气泡继续长大，$R$ 增大，附加压力又开始变小，而此时维持气泡变大的压差是变大的，故气泡将破裂逸出。因此能够形成的最大气泡半径与毛细管半径相等，根据此时的最大压力差就可以计算出表面张力 $\gamma$。

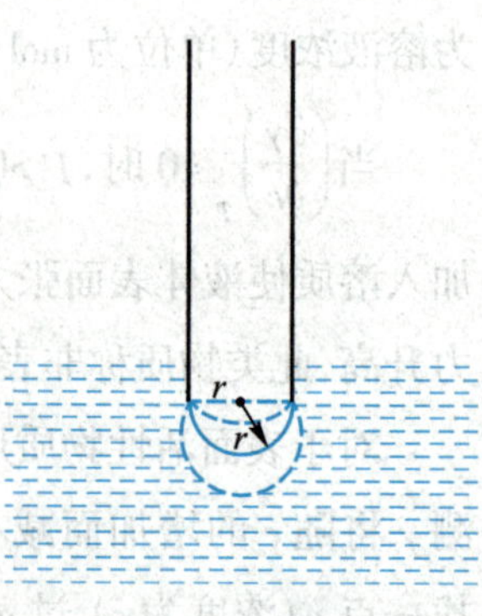

图 2-15-2　毛细管口气泡大小与半径的关系

$$\gamma = \frac{r}{2}\Delta p \tag{2-15-9}$$

式中，$r/2$ 可用已知表面张力的标准物质测定（蒸馏水，25 ℃，$\gamma_水 = 71.97$ mN·m$^{-1}$）。因此，待测溶液的表面张力可以通过下式计算：

$$\gamma = \frac{\Delta p}{\Delta p_水}\gamma_水 \tag{2-15-10}$$

最大气泡法测定表面张力的装置如图 2-15-3 所示。

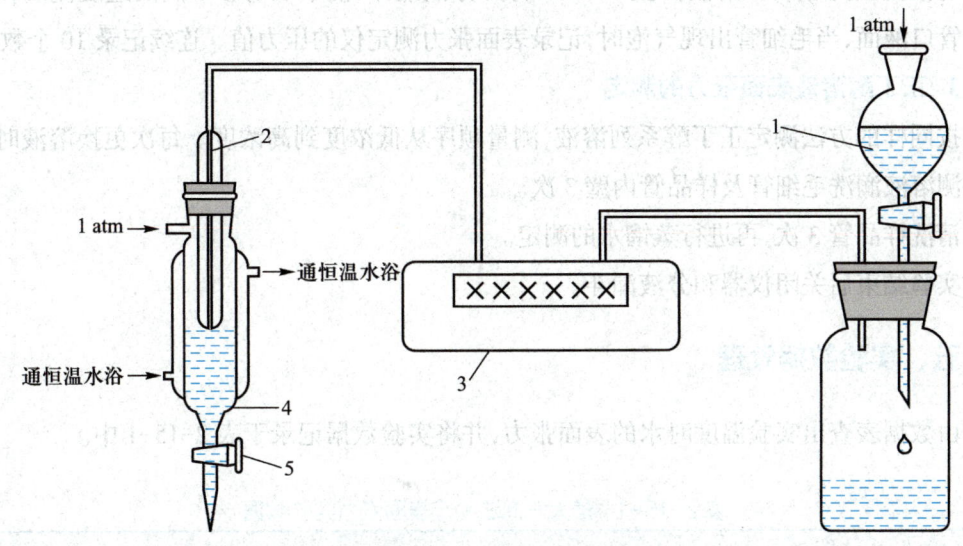

1—分液漏斗；2—毛细管；3—数字式微压测量仪；4—样品管；5—放水阀

图 2-15-3　表面张力测定装置

表面张力测定仪中的毛细管与待测液体表面相切时，液面即沿毛细管上升。打开分液漏斗的旋塞，使水缓慢下滴而增加体系压力，这样毛细管内液面上受到一个比试管中液面上大的压力，该压力差即可在毛细管下端产生气泡，同时微压测量仪将显示压力差的大小，当此压力差在毛细管下端产生的作用力稍大于管口产生最大气泡时的附加压力时，气泡就从毛细管口逸出，这一最大压力差可由数字式微压测量仪读出。

## 三、实验仪器和试剂

表面张力测定装置一套（如图 2-15-3 所示）；循环恒温水浴；容量瓶（50mL）；烧杯；移液管

正丁醇（AR）；蒸馏水

## 四、实验步骤

### 1. 准备工作

（1）表面张力测定装置　连接好表面张力测定装置，将循环恒温水浴的温度调节至 25.0 ℃。

（2）溶液的配制　配制浓度分别为 $0.0125 \text{ mol·L}^{-1}$、$0.025 \text{ mol·L}^{-1}$、$0.050 \text{ mol·L}^{-1}$、$0.100 \text{ mol·L}^{-1}$、$0.200 \text{ mol·L}^{-1}$、$0.300 \text{ mol·L}^{-1}$、$0.400 \text{ mol·L}^{-1}$ 的正丁醇水溶液。

### 2. 蒸馏水表面张力的测定

打开表面张力测定装置，拿起分液漏斗，在整个装置与空气连通的状态下将测定装置置零。在分液漏斗中装入自来水。在样品管中放入适量蒸馏水,将毛细管插入样品管,使毛细管口与液面刚好相切。溶液恒温 10 min,打开分液漏斗,使水以每秒 1 滴的速度流出,观察毛细管口液面,当毛细管出现气泡时,记录表面张力测定仪的压力值。连续记录 10 个数。

### 3. 正丁醇溶液表面张力的测定

按同样的方法测定正丁醇系列溶液,测量顺序从低浓度到高浓度。每次更换溶液时,应用待测溶液润洗毛细管及样品管内壁 3 次。

清洗样品管 3 次,再进行蒸馏水的测定。

实验结束后关闭仪器和分液漏斗。

## 五、实验数据处理

由数据表查出实验温度时水的表面张力,并将实验数据记录于表 2-15-1 中。

表 2-15-1  最大气泡法测定表面张力实验数据

| 次数 | $\Delta p$/kPa | | | | | | | | | | | $\gamma$/(N·m$^{-1}$) |
|---|---|---|---|---|---|---|---|---|---|---|---|---|
| | 1 | 2 | 3 | 4 | 5 | 6 | 7 | 8 | 9 | 10 | 平均值 | |
| 蒸馏水 | | | | | | | | | | | | |
| 0.012 5 mol·L$^{-1}$ | | | | | | | | | | | | |
| 0.025 mol·L$^{-1}$ | | | | | | | | | | | | |
| 0.050 mol·L$^{-1}$ | | | | | | | | | | | | |
| 0.100 mol·L$^{-1}$ | | | | | | | | | | | | |
| 0.200 mol·L$^{-1}$ | | | | | | | | | | | | |
| 0.300 mol·L$^{-1}$ | | | | | | | | | | | | |
| 0.400 mol·L$^{-1}$ | | | | | | | | | | | | |

（正丁醇溶液）

1. 以浓度 $c$ 为横坐标,表面张力 $\gamma$ 为纵坐标作 $\gamma-c$ 曲线。

2. 对应 $\gamma-c$ 曲线上不同的浓度点作切线,图解得到 $Z$ 值,并计算不同浓度时的吸附量 $\Gamma$,作 $\Gamma-c$ 曲线。

3. 以 $\dfrac{c}{\Gamma}$ 对 $c$ 作图,由直线斜率和截距得到 $\Gamma_\infty$ 和常数 $k$,并计算正丁醇分子截面积的实验值。

## 六、注意事项

1. 测定用的毛细管一定要洗干净,而且一定要保持垂直,管口刚好插到与液面接触。

2. 要防止微小固体颗粒进入毛细管中引起毛细管堵塞。

3. 实验中如果需要倒掉分液漏斗下方瓶里的水,必须先把瓶和表面张力测定仪的连接胶管拔掉,避免水倒吸入仪器中。

### 七、思考题

1. 实验中毛细管下端为何要刚好与液面相切?
2. 为什么实验中要缓慢控制气泡产生的速度?
3. 测定正丁醇表面张力时为何要按照浓度由低到高的顺序?
4. 为什么要在恒温条件下进行实验?

## 实验方案二 拉环法测定溶液的表面张力

### 一、实验目的

1. 掌握拉环法表面张力测定仪测定表面张力的原理和技术;
2. 通过对不同浓度正丁醇溶液表面张力的测定,加深对表面张力、表面自由能、表面张力和吸附量关系的理解。

### 二、实验原理

拉环法是表面张力测定中应用相当广泛的一种方法,它可以测定纯液体及溶液的表面张力,也可以测定液体的界面张力。

拉环法表面张力仪最重要的部件为一个特定规格的铂丝环。将铂丝环与待测溶液液面接触后,再慢慢向上提升,则因液体表面张力作用而形成一个中空的圆柱形液柱,如图 2-15-4 所示,这时向上的总拉力 $p$ 与铂丝环重力之差和液柱的重力相等,也与铂丝环内外两圈表面张力在竖直方向的分量之和相等。当液膜即将破裂时,拉力 $p$ 及竖直方向的表面张力达到最大值,此时有

$$p - m_0 g - mg = 2\pi\gamma R' + 2\pi\gamma(R' + 2r) = 4\pi\gamma R \qquad (2\text{-}15\text{-}11)$$

式中,$m_0$ 为铂丝环质量,$m$ 为液柱质量,$R'$ 为铂丝环内径,$R$ 为铂丝环平均内径,$r$ 为铂丝半径,$\gamma$ 为液体的表面张力。测出液膜破裂前的最大拉力 $p$,就能得到表面张力 $\gamma$ 的数值。

但上式是理想的情况,实际上被环拉起的液体往往不是圆柱形,而是如图 2-15-5 所示的情况。实验证明,环拉起的液体形状是 $R^3/V$ 和 $R/r$ 的函数,同时也是表面张力的函数。因此,所测得的表面张力必须乘以一个校正因子 $F$ 才能得到正确的结果。

$$\gamma_{\text{实际}} = \gamma_{\text{理想}} \times F \qquad (2\text{-}15\text{-}12)$$

式中,$F$ 为校正因子:

$$F = 0.725\,0 + \sqrt{\frac{0.036\,78M}{R^2(\rho_0 - \rho_1)} + 0.045\,34 - \frac{1.679r}{R}} \qquad (2\text{-}15\text{-}13)$$

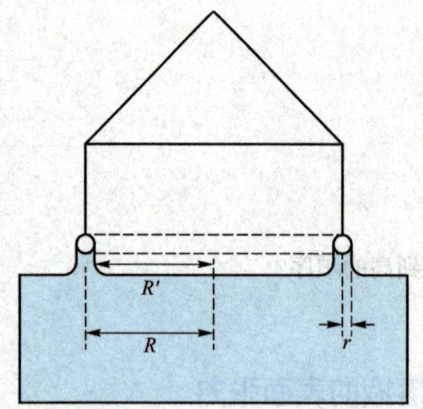

图 2-15-4 理想情况下表面张力形成的液柱

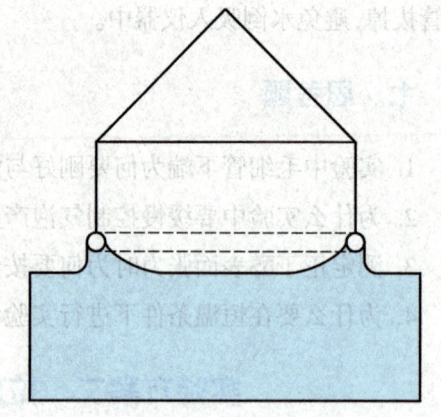

图 2-15-5 实际情况下表面张力形成的液柱

式中, $\rho_0$ 和 $\rho_1$ 分别为下、上相室温时的密度(单位为 g·mL$^{-1}$)。$M$ 为仪器测得的最大表面张力。

拉环法的优点是可以快速测定表面张力,缺点是在拉环过程中由于环的移动,很难避免液面的振动,这就降低了测量的准确度,另外一个缺点是难以恒温。

## 三、实验仪器和试剂

BZY-102 型表面张力仪(如图 2-15-6 所示);容量瓶(50 mL,100 mL);烧杯;移液管

正丁醇(A.R.);蒸馏水

## 四、实验步骤

### 1. 准备工作

(1) 溶液的配制  配制 0.50 mol·L$^{-1}$ 和 0.60 mol·L$^{-1}$ 正丁醇水溶液各 100 mL。然后,再用已配制好的这两种浓溶液配制下列浓度的稀溶液各 50 mL:0.02 mol·L$^{-1}$、0.05 mol·L$^{-1}$、0.10 mol·L$^{-1}$、0.20 mol·L$^{-1}$、0.30 mol·L$^{-1}$、0.40 mol·L$^{-1}$。

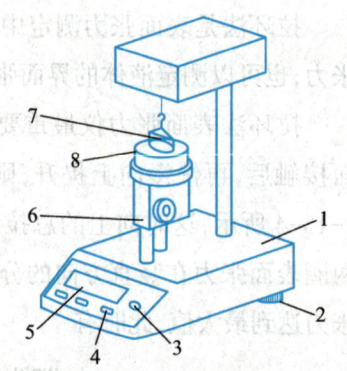

1—主机;2—水平调整脚;3—水平仪;4—操作面板;5—显示屏;6—升降台;7—挂钩及铂丝环;8—样品皿

图 2-15-6 BZY-102 型表面张力仪基本构造

(2) 仪器及样品的准备  BZY-102 型表面张力仪的基本构造如图 2-15-6 所示。将表面张力仪放在不振动的平稳的地方,调节水平调整脚把仪器调到水平位置。开机,预热 30 min。用镊子夹取铂丝环,蒸馏水清洗后,用酒精灯烧,当整个环微红时结束(20~30 s),挂好待用。取少量待测溶液于干净的样品皿中进行预润湿,再将待测溶液装入样品皿,确保液体有约 5 mm 的高度。将样品皿置于样品台上,观察液晶屏显示是否为零。若不为零则按"去皮"键清零。

### 2. 表面张力的测定

旋转升降旋钮,使样品台缓慢上升,直至铂丝环进入液面下 2~3 mm 深度为止。按"模式"键,此时仪器进入最大值锁定功能,旋转升降旋钮使样品台缓慢下降;同时观察读数变化,记录最大值 $M$。退出最大值锁定模式,只需按"去皮"键即可。

### 3. 其他浓度溶液的测定

重复步骤 2 直到几次数据一致或接近,取 3 组最接近数据并求其平均值。用同样的方法测量其他浓度样品(浓度由低到高)的表面张力最大值 $M$。

## 五、实验数据处理

将测量所得数据记录于表 2-15-2 中,将测得的 $M$ 值代入同仪器配套的 EXCEL 表格中即可自动求得修正后的表面张力 $\gamma$。

表 2-15-2   拉环法测定表面张力实验数据

| 浓度 $c/(\text{mol·L}^{-1})$ | | 0.02 | 0.05 | 0.10 | 0.20 | 0.30 | 0.40 | 0.50 | 0.60 |
|---|---|---|---|---|---|---|---|---|---|
| 读数 $M/$ $(\text{mN·m}^{-1})$ | 第一次 | | | | | | | | |
| | 第二次 | | | | | | | | |
| | 第三次 | | | | | | | | |
| | 平均值 | | | | | | | | |
| $\gamma/(\text{N·m}^{-1})$ | | | | | | | | | |

1. 以浓度 $c$ 为横坐标,表面张力 $\gamma$ 为纵坐标作 $\gamma$-$c$ 曲线。

2. 对应 $\gamma$-$c$ 曲线上不同的浓度点作切线,图解得到 $Z$ 值,并计算不同浓度时的吸附量 $\Gamma$,作 $\Gamma$-$c$ 曲线。

## 六、注意事项

1. 对拉环法来说,只有最大值才对测量有意义,其值将直接影响结果的准确性。

2. 测量过程应确保铂丝环不变形,加热后未冷却之前不要将它与任何液体接触,以免弯曲变形,影响测试结果。

3. 测试过程中勿将手指点水,以免手上的油改变水的表面特性。

4. 第一次使用或使用一段时间后可对张力仪进行满量程校正,方法如下:

(1) 按"皮重"操作,显示为"0.0"。

(2) 按"校正"键,显示"CAL",挂上随机的标准砝码。

(3) 5 s 左右即出现"600.0"mN·m$^{-1}$,听到"嘟"的声音后校正结束。

(4) 取下标准砝码,显示屏归零;若不归零则需重新校正。

## 七、思考题

1. 本实验结果好坏的关键取决于哪些因素？
2. 比较最大气泡法和拉环法测定表面张力，它们各有哪些优点和缺点？

# 2-16  固-液界面吸附规律的实验研究

## 一、实验目的

视频

1. 掌握吸附量的影响因素及测定方法；
2. 掌握利用吸附等温式研究固-液界面吸附规律的方法；
3. 理解浓度等因素对吸附量影响的规律，深入理解固-液界面吸附现象。

## 二、实验原理

固体在溶液中的吸附是一种常见的现象。固体可以通过吸附溶质造成溶液浓度的下降，实现溶质和溶剂的分离。具有吸附性能的固体称为吸附剂，被吸附的物质称为吸附质。通常在恒温条件下，将一定量的吸附剂与一定量已知浓度的溶液充分混合，吸附量可通过分析溶液在吸附前后浓度的变化来求得：

$$a = \frac{x}{m} = \frac{V(c_0 - c)}{m}$$

其中，$a$ 为吸附量（单位为 $mg \cdot g^{-1}$ 或 $mol \cdot g^{-1}$）；$x$ 为吸附质的质量（单位为 mg）或物质的量（单位为 mol）；$m$ 为吸附剂的质量（单位为 g）；$V$ 为溶液的体积（单位为 L）；$c_0$ 和 $c$ 分别是吸附前后溶液的浓度（单位为 $mg \cdot L^{-1}$ 或 $mol \cdot L^{-1}$）。

溶液是多组分体系，各个组分均能被固体表面所吸附，而固体与溶质、固体与溶剂、溶剂与溶质之间均存在着相互作用，所以得到的吸附量是表观吸附量。吸附量为零时，并不一定是不发生吸附，而可能是溶剂与溶质按比例同时被吸附，因此溶液浓度不变。吸附量为负值时，则可能是溶剂更多地被吸附，因此溶质浓度增大。

吸附剂和吸附质种类繁多，且吸附过程比较复杂，为了研究固-液界面吸附规律，人们发展出了不同的吸附理论和吸附等温式，弗伦德利希（Freundlich）等温式和朗缪尔（Langmuir）等温式是其中比较常用的两个吸附等温式。

弗伦德利希等温式体现了吸附剂在稀溶液中的吸附量与吸附平衡时溶液浓度（平衡浓度）的关系：

$$a = \frac{x}{m} = kc_e^{\frac{1}{n}}$$

式中，$c_e$ 为平衡浓度；$k$ 和 $n$ 为经验常数，与温度、溶剂、吸附质和吸附剂有关。也就是说，在一定温度下，对指定的吸附剂和溶液来说，$k$ 和 $n$ 是常数。以平衡浓度 $c_e$ 为自变量，以吸附量 $a$ 为因变量，使用等温式进行非线性数据拟合，可以得到 $k$ 和 $n$ 的数值。

若将上式取对数，可以得其线性形式：

$$\lg a = \lg k + \frac{1}{n} \lg c_e$$

据此方程，作 $\lg a$ 与 $\lg c_e$ 的直线图，从斜率和截距也可求得 $k$ 和 $n$ 的数值。

朗缪尔等温式根据单分子层吸附理论发展而来：

$$a = \frac{x}{m} = a_m \frac{Kc_e}{1 + Kc_e}$$

其中，$c_e$ 为平衡浓度；$K$ 为朗缪尔吸附常数；$a_m$ 为饱和吸附量，即吸附剂表面被吸附质占满形成单分子层时的吸附量。

基于单分子层吸附理论的基本假设，达到饱和吸附后，即使再提高溶液的浓度，吸附量也不再增加。以平衡浓度 $c_e$ 为自变量，以吸附量 $a$ 为因变量，使用等温式进行非线性数据拟合，可以得到 $K$ 和 $a_m$ 的数值。

若将上式进行整理，可以得其线性形式：

$$\frac{1}{a} = \frac{1}{a_m} + \frac{1}{a_m K} \cdot \frac{1}{c_e}$$

根据实验数据作 $\frac{1}{a}$ 与 $\frac{1}{c_e}$ 的直线图，从截距和斜率也可以得到 $a_m$ 和 $K$ 的数值。

## 三、实验仪器和试剂

恒温振荡器；电子天平；分光光度计；磨口具塞锥形瓶；锥形瓶；滴定管；移液管 / 移液器；吸量管等玻璃仪器

活性炭；乙酸（A.R.）/ 甲基紫（A.R.）；酚酞指示剂；NaOH（A.R.）；蒸馏水

## 四、实验步骤

### （一）基础实验部分

#### 1. 准备工作

取 4 个干燥的具塞锥形瓶，分别放入约 1 g（准确称量）的活性炭后，编号。配制 0.40 $mol \cdot L^{-1}$ HAc 溶液和 0.10 $mol \cdot L^{-1}$ NaOH 标准溶液。

## 2. 配制溶液

在锥形瓶中加入不同体积的 0.40 mol·L$^{-1}$HAc 溶液和蒸馏水(可参考表 2-16-1),每瓶内溶液体积均为 100.00 mL。

表 2-16-1 溶 液 配 制

| 序号 | 1 | 2 | 3 | 4 |
|---|---|---|---|---|
| HAc 溶液体积 /mL | 50.00 | 25.00 | 12.50 | 6.30 |
| 蒸馏水体积 /mL | 50.00 | 75.00 | 87.50 | 93.70 |
| 滴定时取样量 /mL | 10.00 | 25.00 | 40.00 | 40.00 |

## 3. 吸附实验

将各瓶溶液配好后,塞好瓶塞,摇动锥形瓶,使活性炭均匀悬浮于 HAc 溶液中,然后将锥形瓶放入振荡器中,振荡 10 min,静置约 20 mim(以达到吸附平衡为准)。

## 4. 滴定分析

为标定原始 HAc 溶液的浓度,移取 0.40 mol·L$^{-1}$HAc 溶液 5.00 mL,转移到锥形瓶中,加入指示剂,用 0.10 mol·L$^{-1}$NaOH 标准溶液进行滴定。重复滴定一次。

取装有活性炭和 HAc 溶液的锥形瓶,进行固液分离,溶液分别滤于干燥的锥形瓶内。用移液管或吸量管吸取一定体积(可参考表 2-16-1)的滤液,转移到锥形瓶中,加入指示剂,用 0.10 mol·L$^{-1}$NaOH 标准溶液进行滴定。重复滴定一次。

## (二)拓展实验部分

### 1. 准备工作

打开分光光度计,预热,波长设置为甲基紫的最大吸收波长。打开电子天平,预热。配制 50.0 mg·L$^{-1}$ 和 500 mg·L$^{-1}$ 甲基紫标准溶液。

### 2. 绘制标准曲线

取 50.0 mg·L$^{-1}$ 甲基紫标准溶液进行稀释,配制一系列不同浓度(如 1.00 mg·L$^{-1}$、2.00 mg·L$^{-1}$、3.00 mg·L$^{-1}$、4.00 mg·L$^{-1}$ 和 5.00 mg·L$^{-1}$)的甲基紫标准溶液。使用分光光度计测定其吸光度,绘制标准曲线。

### 3. 浓度对吸附量的影响

取 500 mg·L$^{-1}$ 甲基紫标准溶液,配制 10.0 mg·L$^{-1}$、20.0 mg·L$^{-1}$、30.0 mg·L$^{-1}$、40.0 mg·L$^{-1}$ 和 50.0 mg·L$^{-1}$ 甲基紫溶液各 100.00 mL,均转移到锥形瓶中。准确称取一定量的活性炭(如 0.5 g),分别放入上述锥形瓶中,用封口膜密封,在恒温条件下(30 ℃)振荡一定时间(可以是 1~2 h,吸附时间以达到吸附平衡为准)。利用注射器和针头式过滤器(也可采用离心或其他方式)进行固液分离。使用分光光度计,测定滤液的吸光度。如滤液浓度过高,不符合分光光度计的测试要求,应适当稀释后再测定,并记录稀释比例。

### 4. 温度对吸附量的影响

参照本部分步骤3,配制2份50.0 mg·L$^{-1}$甲基紫溶液各100 mL,分别加入0.5 g活性炭,测定活性炭在温度为40 ℃和50 ℃条件下的平衡吸附量。

### 5. 吸附时间对吸附量的影响

参照本部分步骤3,配制6份50.0 mg·L$^{-1}$甲基紫溶液各100 mL,分别加入0.5 g活性炭,在恒温条件下(30 ℃)分别振荡10 min、20 min、30 min、40 min、50 min和60 min。固液分离后,测定滤液的吸光度,计算活性炭的吸附量。

## 五、实验数据处理

1. 计算活性炭在不同浓度溶液中的平衡吸附量。

2. 使用弗伦德利希吸附等温式进行线性数据拟合,确定经验常数$k$和$n$的数值。

3. 使用朗缪尔吸附等温式进行线性数据拟合,确定$a_m$和常数$K$的数值。

4. 拓展实验中,分别使用弗伦德利希吸附等温式和朗缪尔吸附等温式进行非线性数据拟合,确定两个等温式中各参数的数值,并与线性数据拟合的结果进行对比。

5. 拓展实验中,尝试查阅文献、查找公式,根据不同温度条件下的吸附量数据,计算吸附过程的$\Delta G$、$\Delta H$和$\Delta S$。

6. 拓展实验中,查阅文献、查找公式,根据不同吸附时间的吸附量数据,使用准一级和准二级吸附速率方程,进行非线性和线性数据拟合,并根据结果对吸附过程进行分析讨论。

## 六、注意事项

在研究浓度对吸附量的影响时,为提高数据的可靠性,必须在达到吸附平衡的情况下测定活性炭的吸附量。

## 七、思考题

1. 如何判断是否已达到吸附平衡?

2. 固体吸附剂在溶液中对溶质的吸附与其在气相中对气体的吸附有何区别和相似之处?所采用的吸附等温式有何异同?

3. 活性炭对乙酸和甲基紫的吸附机理有可能是什么?两者有何异同?

4. 在对实验数据进行处理时,可使用吸附等温式进行线性数据拟合或者非线性数据拟合,得到的相关常数的数值是否相同?两种数据拟合各有哪些优点?

5. 查阅文献,除了弗伦德利希吸附等温式和朗缪尔吸附等温式之外,还有哪些吸附等温式?试尝试利用其他吸附等温式进行数据处理。

6. 在拓展实验中,活性炭对甲基紫的吸附是自发还是非自发? 是吸热还是放热? 是物理吸附还是化学吸附? 熵增加了还是减小了? 请结合吸附过程的 $\Delta G$、$\Delta H$ 和 $\Delta S$ 进行分析讨论。

7. 查阅文献,吸附剂在生产实践和污染防治中有哪些具体应用?

8. 试用 EHS(Environment-Health-Safety)理念审视本实验的实验设计,思考如何对本实验进行改进。

## 2-17  黏度法研究水溶性高聚物的相对分子质量

### 一、实验目的

视频

1. 掌握高聚物溶液黏度的概念和影响因素;
2. 掌握黏度法测定水溶性高聚物相对分子质量的原理;
3. 理解浓度、温度、相对分子质量对高聚物溶液黏度的影响规律。

### 二、实验原理

在高聚物研究中,相对分子质量是一个重要的数据。高聚物通常是具有不同聚合度的分子的混合体。因此,高聚物分子的相对分子质量是一个统计平均值。采用不同的统计平均方法,可以得到不同表述的平均相对分子质量。如用渗透压法等可测得数均相对分子质量 $\overline{M}_n$,用光散射法可测得质均相对分子质量 $\overline{M}_m$,用沉降平衡法可测得 Z 均相对分子质量 $\overline{M}_z$,而用黏度法测得的是黏均相对分子质量 $\overline{M}_\eta$。黏度法设备简单,操作方便,且具有很高的精度,是最常用的方法之一,适用于测试的平均相对分子质量范围为 $10^4 \sim 10^7$。

黏度是液体流动时内摩擦力大小的反映。当液体受到外力作用产生流动时,在流动着的液层之间存在着沿切向的内摩擦力 $f$。$f$ 的大小与两液层的接触面积 $A$ 和速率梯度 $\dfrac{\mathrm{d}v}{\mathrm{d}y}$ 成正比:

$$f = \eta A \frac{\mathrm{d}v}{\mathrm{d}y} \tag{2-17-1}$$

式中,比例系数 $\eta$ 称为黏度系数或黏度,单位为 $N \cdot m^{-2} \cdot s$。

高聚物稀溶液的黏度反映了液体流动时存在的内摩擦力状况:溶剂分子间的内摩擦、高聚物分子与溶剂分子间的内摩擦、高聚物分子间的内摩擦。纯溶剂的黏度用 $\eta_0$ 表示,高聚物溶液的黏度用 $\eta$ 表示。同一温度下,高聚物溶液的黏度大于纯溶剂的黏度,即 $\eta > \eta_0$。溶液黏度 $\eta$ 与纯溶剂黏度 $\eta_0$ 的比值称为相对黏度,用 $\eta_r$ 表示:

$$\eta_r = \frac{\eta}{\eta_0} \qquad\qquad (2\text{-}17\text{-}2)$$

与纯溶剂的黏度相比,溶液黏度增加的分数称为增比黏度,用 $\eta_{sp}$ 表示:

$$\eta_{sp} = \frac{\eta - \eta_0}{\eta_0} = \eta_r - 1 \qquad\qquad (2\text{-}17\text{-}3)$$

$\eta_{sp}$ 反映的是扣除了溶剂分子间的内摩擦以后,仅是纯溶剂与高聚物分子之间以及高聚物分子之间的内摩擦。高聚物溶液的浓度会直接影响溶液黏度的大小,即浓度越大,$\eta_{sp}$ 越大。为此,用单位浓度的增比黏度来反映高聚物的黏度特性,称为比浓黏度,用 $\frac{\eta_{sp}}{c}$ 表示;有时也用 $\frac{\ln \eta_r}{c}$ 表示,称为比浓对数黏度,这里浓度的单位通常取 $g \cdot mL^{-1}$。很明显,溶液浓度越稀,高聚物分子间的内摩擦作用越小,当溶液被无限稀释时,可以忽略高聚物分子间的内摩擦作用。此时的比浓黏度称为高聚物的特性黏度,用 $[\eta]$ 表示:

$$[\eta] = \lim_{c \to 0} \frac{\eta_{sp}}{c} \qquad\qquad (2\text{-}17\text{-}4)$$

高聚物溶液的黏度随着高聚物分子的大小与特性、溶剂的性质、溶液的浓度和温度等不同而不同。当温度和高聚物溶液确定之后,溶液黏度仅与浓度和高聚物分子大小有关。对于浓度很稀的高聚物溶液,其黏度与浓度的关系可用不同的经验公式表示:

$$\frac{\eta_{sp}}{c} = [\eta] + k'[\eta]^2 c \qquad\qquad (2\text{-}17\text{-}5)$$

$$\frac{\ln \eta_r}{c} = [\eta] - \beta [\eta]^2 c \qquad\qquad (2\text{-}17\text{-}6)$$

式中,$k'$ 与 $\beta$ 为常数,$c$ 为高聚物溶液的浓度。其中 $k'$ 和 $\frac{\eta_{sp}}{c}$ 同高聚物结构和形态有关。

若以 $\frac{\eta_{sp}}{c}$ 和 $\frac{\ln \eta_r}{c}$ 分别对 $c$ 作图,可得两条直线,将直线外推至 $c \to 0$ 时,两直线在纵坐标的截距交于一点,其数值即为溶液的特性黏度 $[\eta]$(如图 2-17-1 所示)。

由于无限稀释时高聚物分子间相距无限远,无相互作用,因此 $[\eta]$ 的数值反映的是高聚物分子和溶剂分子间相互作用的状况,只与高聚物分子的大小有关。$[\eta]$ 与高聚物分子相对分子质量之间的关系可用 Mark-Houwink 经验公式表示:

图 2-17-1 　$\dfrac{\eta_{sp}}{c}\left(\dfrac{\ln \eta_r}{c}\right)$ 与 $c$ 的线性关系示意图

$$[\eta] = K \overline{M}_\eta^{\alpha} \qquad\qquad (2\text{-}17\text{-}7)$$

式中,$K$ 和 $\alpha$ 是与溶剂、高聚物性质和温度有关的经验常数;$\overline{M}_\eta$ 为高聚物的黏均相对分子质量。$K$ 的数值受温度影响较明显,而 $\alpha$ 的数值主要取决于高聚物在某温度下、某溶剂中的舒展程度,其值一般在 0.5~1.7 之间。$K$ 与 $\alpha$ 的数值一般可通过渗透压法、光散射法等确定。许多重要的高聚物在各种溶剂中的 $K$ 与 $\alpha$ 值(如表 2-17-1 所示)可从相关手册中查阅。

表 2-17-1　不同温度时常用高聚物溶液的 $K$、$\alpha$ 值

| 高聚物 | 溶剂 | $t/℃$ | $K/(10^{-6} \cdot m^3 \cdot kg^{-1})$ | $\alpha$ | $\overline{M}_\eta/10^4$ |
|---|---|---|---|---|---|
| 聚丙烯酰胺 | 水 | 30 | 6.31 | 0.80 | 2~50 |
| 聚丙烯腈 | 水 | 30 | 68 | 0.66 | 1~20 |
|  | 1 mol·L⁻¹NaNO₃ | 30 | 37.3 | 0.66 | 1~20 |
|  | 二甲基甲酰胺 | 25 | 16.6 | 0.81 | 5~27 |
| 聚甲基丙烯酸甲酯 | 丙酮 | 25 | 7.5 | 0.70 | 3~93 |
| 聚乙烯醇 | 水 | 25 | 20 | 0.76 | 0.6~2.1 |
|  | 水 | 30 | 66.6 | 0.64 | 0.6~16 |
| 聚乙二醇 | 水 | 25 | 15.6 | 0.5 | 0.019~0.1 |
|  | 水 | 30 | 12.5 | 0.78 | 2~500 |
|  | 水 | 35 | 6.4 | 0.82 | 3~700 |

测定黏度的方法主要有毛细管法、转筒法和落球法。本实验采用毛细管法,用乌氏黏度计(如图 2-17-2 所示)进行测定。其最大的优点是溶液的体积对测定无影响,所以可以直接在黏度计内对溶液进行稀释,从而得到不同浓度的溶液。

液体在黏度计内因重力作用从毛细管中流出,流速与黏度间的关系遵循 Poiseuille 公式:

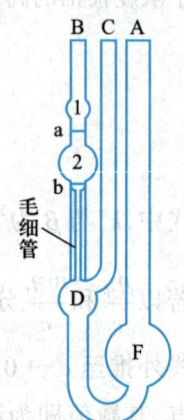

图 2-17-2　乌氏黏度计的构造图

$$\eta = \frac{\pi r^4 thg\rho}{8lV} - m\frac{\rho V}{8\pi lt} \qquad (2-17-8)$$

式中,$\pi$ 为圆周率;$r$ 为毛细管半径;$t$ 为流出时间;$h$ 为作用于毛细管中溶液上的平均液柱高度;$g$ 为重力加速度;$\rho$ 为液体密度;$l$ 为毛细管长度;$V$ 为流经毛细管的溶液体积;$m$ 为毛细管末端的校正系数,当 $\frac{r}{l} \ll 1$ 时,可取 $m=1$。当 $t>100$ s 时,上式第二项可以忽略,此时有

$$\eta = \frac{\pi r^4 thg\rho}{8lV} \qquad (2-17-9)$$

对于同一黏度计,$r$、$h$、$l$ 和 $V$ 具有固定的数值,对于高聚物的稀溶液,$\rho \approx \rho_0$,因此有

$$\eta_r = \frac{\eta}{\eta_0} = \frac{\rho t}{\rho_0 t_0} \approx \frac{t}{t_0} \qquad (2-17-10)$$

通过测定溶液和溶剂的流出时间 $t$ 和 $t_0$，就可以计算相对黏度 $\eta_r$，并进一步计算出 $\eta_{sp}$、$\dfrac{\eta_{sp}}{c}$ 和 $\dfrac{\ln \eta_r}{c}$。测定不同浓度溶液的黏度，分别以 $\dfrac{\eta_{sp}}{c}$ 和 $\dfrac{\ln \eta_r}{c}$ 为纵坐标，$c$ 为横坐标作图，可得两条直线，其截距均为特性黏度 $[\eta]$。再结合 $K$ 和 $\alpha$ 的数值，可计算出高聚物的黏均相对分子质量。

温度对液体的黏度有明显的影响，一般温度升高，液体的黏度会减小，故测定黏度必须在恒温条件下进行。

## 三、实验仪器和试剂

天平；恒温水浴槽；乌氏黏度计；洗耳球；秒表；吸量管(10 mL)；烧杯；容量瓶等玻璃仪器

聚乙二醇($0.01 \text{ g} \cdot \text{mL}^{-1}$)；聚乙烯醇(A.R.)；蒸馏水

## 四、实验步骤

### (一) 基础实验部分

#### 1. 黏度计的准备

调节恒温槽温度至 30 ℃。将干燥的黏度计垂直置于恒温水浴中，使 1 球完全浸没在水面下。

#### 2. 溶液流出时间 $t$ 的测定

用吸量管移取 10.00 mL 聚乙二醇溶液从 A 管注入 F 球，恒温 10 min。用夹子夹紧 C 管上的乳胶管使其不漏气，用洗耳球从 B 管将溶液抽至 1 球的中部时，放开夹子，使溶液自由下流，用秒表准确记录液体流过球 a、b 两刻度之间的时间 $t_1$。重复测定 3 次，任意两次流出时间之间的偏差不得超过 0.2 s。

向黏度计中分几次加入适量已预热过的蒸馏水，如 5.00 mL、5.00 mL、10.00 mL 和 10.00 mL，用洗耳球反复吸放，使溶液浓度均匀，用上述方法依次测定对应的流出时间 $t_2$，$t_3$，$t_4$，$t_5$，…每个数据重复测定 3 次，取其平均值。

#### 3. 溶剂流出时间 $t_0$ 的测定

将黏度计洗净，加入适量的蒸馏水，恒温 10 min，测定流出时间 $t_0$。重复测定 3 次，取其平均值。

### (二) 拓展实验部分

1. 改变温度进行实验，对比分析实验结果。

2. 换用聚乙烯醇进行实验，对比分析实验结果。

## 五、实验数据处理

1. 列表，计算聚乙二醇在不同浓度时的 $\eta_r$、$\eta_{sp}$、$\eta_{sp}/c$、$\ln\eta_r$ 及 $\ln\eta_r/c$。

2. 以浓度 $c$ 为横坐标，分别以 $\eta_{sp}/c$ 和 $\ln\eta_r/c$ 为纵坐标作 $\eta_{sp}/c$–$c$ 和 $\ln\eta_r/c$–$c$ 曲线，分析变化规律，并外推求出特征黏度 $[\eta]$。

3. 根据 Mark-Houwink 公式求出聚乙二醇的黏均相对分子质量。

4. 根据不同温度下的数据，求出聚乙二醇的黏均相对分子质量，对比不同温度的实验结果。

5. 根据以上实验数据处理方法，求出聚乙烯醇的黏均相对分子质量。

## 六、注意事项

1. 黏度计必须彻底洗净、烘干，微量的灰尘、污渍等都可能影响溶液在毛细管中的流速，进而造成较大的误差。

2. 本实验中，溶液的稀释过程是直接在黏度计中进行的，所用溶剂必须预先与溶液处于同一恒温槽中预热，然后用移液管准确吸取溶剂，并将溶液充分混匀后，方可进行测定。

3. 测定时黏度计要垂直放置，否则影响结果的准确性。

4. 吸放溶液需缓慢，避免形成气泡。若 D 球中有气泡，应将其赶到 F 球中。

5. 有时实验结果会出现异常，如图 2-17-3 所示，此时应根据 $\dfrac{\eta_{sp}}{c}$ 和 $c$ 的线性关系求 $[\eta]$ 值。

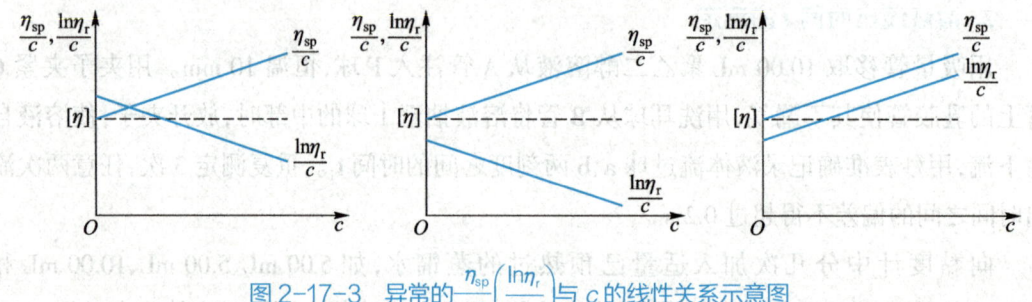

图 2-17-3  异常的 $\dfrac{\eta_{sp}}{c}\left(\dfrac{\ln\eta_r}{c}\right)$ 与 $c$ 的线性关系示意图

## 七、思考题

1. 黏度计中管 C 的作用是什么？

2. 黏度计中毛细管的粗细对实验有何影响？

3. 实验中哪些操作会影响黏度测定的准确性？

4. 本实验是否能够得到不同浓度溶液黏度 $\eta$ 的数值？若能，还需要哪些数据？

5. 请总结利用黏度法测定高聚物相对分子质量的优缺点。

## 2-18　沉降分析法研究固体颗粒在溶液中的沉降行为

### 一、实验目的

1. 了解沉降分析的基本原理；
2. 研究不同固体颗粒的半径微粒的分布状况。

视频

### 二、实验原理

颗粒的大小称为颗粒的粒度,颗粒在不同粒径范围所占的比例称为粒度分布。颗粒的粒度范围、粒度分布是颗粒重要的物性特征指数,对颗粒的性质、质量和用途有着显著影响,因此通过实验测定粉体颗粒的粒度及其粒度分布,在生产实践中有着广泛的应用。

沉降分析法是利用物质的不同大小颗粒在介质中沉降速度的不同来测定物质分散度的一种方法。半径为 $r$ 的球形粒子在某均匀介质中因受重力和浮力作用而受到的下降或上升的合力为

$$F_1 = \frac{4}{3}\pi r^3(\rho-\rho_0)g \tag{2-18-1}$$

式中,$\rho$ 与 $\rho_0$ 分别为粒子及介质的密度;$g$ 为重力加速度。根据斯托克斯(Stokes)定律,半径为 $r$,速度为 $v$ 的球体在黏度系数为 $\eta$ 的介质中运动时所受的阻力为

$$F_2 = 6\pi\eta rv \tag{2-18-2}$$

当两力相等时,粒子则以恒定速度 $v$ 上下运动,即

$$6\pi\eta rv = \frac{4}{3}\pi r^3(\rho-\rho_0)g \tag{2-18-3}$$

所以可得

$$r = \sqrt{\frac{9\eta v}{2(\rho-\rho_0)g}} = K\sqrt{v} \tag{2-18-4}$$

由此可知,颗粒半径 $r$ 不同,平衡下降的速度也不同,若已知 $\eta$、$\rho$、$\rho_0$、$g$ 的值,通过实验测定出 $v$ 值,便可计算出 $r$ 值。

沉降分析方法的实验装置扭力天平如图 2-18-1 所示。扭力天平与分析天平的原理不同,其称量的是物质的质量 $m$,单位为 mg。

设沉降前颗粒均匀地分布在介质中,并假定所有颗粒大小完全一样,即沉降速度相等,记录不同时间落在称

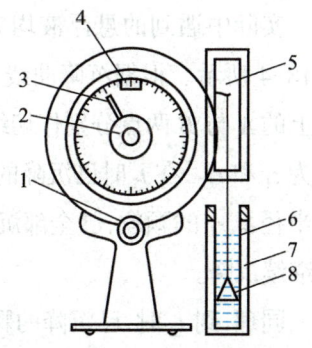

1—天平开关；2—指针转盘；3—指针；4—平衡指针；5—称量盘结构；6—沉降筒；7—水夹套；8—称量盘

图 2-18-1　扭力天平

量盘中颗粒的质量 $m$,得到 $m$-$t$ 曲线,也称沉降曲线。

等半径粒子的沉降曲线是一条通过原点的直线,如图 2-18-2 所示。直线的斜率由粒子大小、浓度及介质性质所决定,直线的长短则由液面至称量盘的高度和粒子沉降速度所决定。当时间达到 $t_1$ 时,所有称量盘上方高至液面、高度为 $h$ 的柱形体积内的颗粒全部落在称量盘上,之后盘中颗粒的质量不再改变。根据 $h$ 和 $t_1$ 的数值,可计算出该种颗粒的沉降速度,即

$$v = \frac{h}{t_1} \tag{2-18-5}$$

将 $v$ 值代入式(2-18-4)中,便可求出颗粒的半径 $r$。若分散体系中有两种不同半径的颗粒,其沉降曲线则如图 2-18-3 所示。$OA$ 线段表示两种粒子同时沉降的结果,其斜率大,至 $t_1$ 时,只剩下第二种粒子沉降,曲线发生曲折并按 $AB$ 段上升,至 $t_2$ 时两种粒子均已全部沉降,称量盘上颗粒总质量不再改变。若将 $AB$ 直线延长与纵轴相交于 $m_1$ 点,则 $OA'$ 代表第一种颗粒的沉降状况,$m_1B$ 代表第二种颗粒的沉降曲线。根据 $t_1$、$t_2$ 及 $h$ 值可分别求出两种粒子的半径 $r_1$ 及 $r_2$。线段 $Om_1$ 即代表第一种粒子的质量,而 $m_1m_2$ 为第二种粒子的质量。

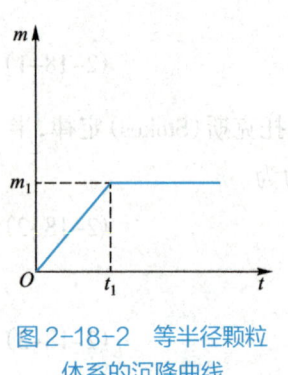

图 2-18-2　等半径颗粒体系的沉降曲线

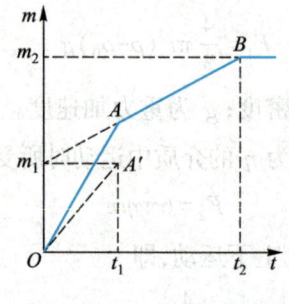

图 2-18-3　两种不同半径颗粒体系的沉降曲线

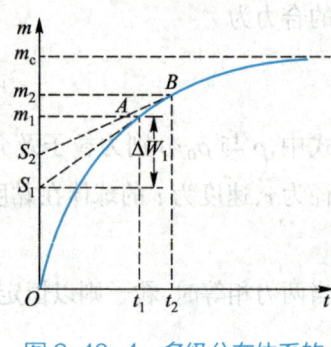

图 2-18-4　多级分布体系的沉降曲线

实际中遇到的悬浮液均为多级分散体系,所得到的沉降曲线为一条圆滑的曲线,如图 2-18-4 所示。根据沉降曲线,便可分析出在某一半径范围内的粒子质量。例如,由沉降曲线上的 $A$ 与 $B$ 两点分别作切线,外延与纵轴相交于 $S_1$ 与 $S_2$ 两点,$A$、$B$ 两点对应的横坐标分别为 $t_1$ 和 $t_2$。在 $t_1$ 时已沉降的颗粒总质量为 $m_1$,按颗粒半径 $r$ 的大小可分为两部分,一部分为半径 $\geq r_1$ 的颗粒,已全部沉降,其总量为 $S_1$,另一部分为半径小于 $r_1$ 的颗粒,在 $t_1$ 时间后仍继续沉降。

同理,到 $t_2$ 时,已沉降的颗粒总质量为 $m_2$,此时,颗粒半径 $\geq r_2$ 的部分已全部沉降,其总量为 $S_2$(当然包括已全部沉降的 $r_1$ 颗粒),而小于 $r_2$ 的颗粒在 $t_2$ 时间后仍继续沉降。体系总质量为 $m_c$,半径 $\geq r_1$ 的颗粒在总量中所占的比例(即质量分数)为

$$Q_1 = \frac{S_1}{m_c} \times 100\% \qquad (2\text{-}18\text{-}6)$$

同样,半径为 $r_1 \sim r_2$ 的粒子其质量分数函数可表达为

$$f(r) = \frac{\Delta Q_1}{\Delta r} = \frac{S_2 - S_1}{m_c} \times 100\% \qquad (2\text{-}18\text{-}7)$$

理论上可知, $\Delta r$ 取值越小越能代表半径为 $r$ 的粒子量。

以粒子的质量分数 $Q$ 为纵坐标,粒子半径 $r$ 为横坐标作图,可得到积分分布曲线,如图 2-18-5 所示。它的物理意义是曲线上任意一点表示体系中半径大于该值的颗粒的总质量分数。

在 $Q\text{-}r$ 图上选取等 $\Delta r$ 值若干个($\Delta r$ 应尽量小些),求出相应的 $\Delta Q$。然后以 $r$ 为横坐标,以 $\Delta Q/\Delta r$($f(r)$)为纵坐标画出一系列的小矩形,每个矩形的底为 $\Delta r$,高为 $\Delta Q/\Delta r$,连接各长方形顶边的中点,可得到一条光滑的曲线,即粒子微分分布曲线,如图 2-18-6 所示。微分分布曲线表示各种半径颗粒组的相对含量,曲线最高点所对应的半径为体系中含量最大的颗粒半径(即最可几半径),分布在最可几半径附近的颗粒相对含量最大,而半径太大或太小的颗粒含量均很少。

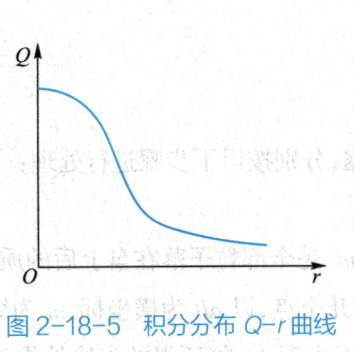

图 2-18-5　积分分布 $Q\text{-}r$ 曲线

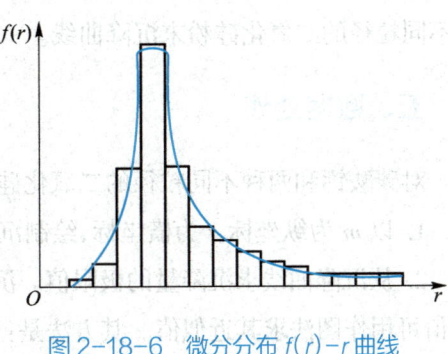

图 2-18-6　微分分布 $f(r)\text{-}r$ 曲线

### 三、实验仪器和试剂

扭力天平;量筒(1 000 mL);烧杯(2 000 mL);秒表

阿拉伯胶;碳酸钙粉末;二氧化硅粉末(直径分别为 300~400 nm 和 1 μm)

### 四、实验步骤

#### (一) 基础实验部分

#### 1. 碳酸钙粉末在 1% 阿拉伯胶溶液中沉降曲线的测定

(1) 配制 1 000 mL1% 阿拉伯胶溶液。

（2）往 1 000 mL 量筒中加入 1 000 mL1% 阿拉伯胶溶液。将金属盘浸入溶液中，垂直悬挂。用扭力天平测定金属盘在溶液中的质量。用刻度尺量金属盘到液面的距离。

（3）往量筒中加入 15.0 g 碳酸钙粉末，用搅拌棒上下均匀轻轻搅拌。迅速将金属盘浸入量筒中，垂直悬挂不靠壁，开始计时。当金属盘稳定后，用扭力天平测定沉积量（具体操作见二维码视频）。每当金属盘上沉积的量增加约 10 mg 时记录读数和对应的时间，2 min 后，每当金属盘上沉积的量增加约 2 mg 时，记录读数和对应的时间直至 30 min。

（4）取下金属盘，将金属盘上的沉积物清洗下来。继续轻轻搅拌，放入金属盘按前述方法重复测量一次。

（5）关闭扭力天平。倒掉量筒中的悬浊液，并洗净金属盘和量筒。

**2. 二氧化硅粉末在 1% 阿拉伯胶溶液中沉降曲线的测定**

将步骤 1 中的碳酸钙粉末更换为两种不同粒径的二氧化硅粉末，分别重复步骤 1。

### （二）拓展实验部分

测定碳酸钙和二氧化硅在不同黏度的介质溶液中的沉降曲线：

重复基础实验部分的步骤 1，分别测量质量分数为 1.5% 的阿拉伯胶溶液中碳酸钙和两种不同粒径的二氧化硅粉末沉降曲线。

## 五、数据处理

对碳酸钙和两种不同粒径的二氧化硅样品的沉降数据，分别按以下步骤进行处理：

1. 以 $m$ 为纵坐标，$t$ 为横坐标，绘制沉降曲线。

2. 从沉降曲线求沉降量的极限值。沉降量的极限值 $m_e$ 是全部粒子落在盘上后的质量。$m_e$ 值可用作图法求其近似值。其方法是：选取 $t$ 值较大的几个点，以 $a/t$ 为横坐标，$m$ 为纵坐标作图。$a$ 为任意数（如 $a=1 000$，但选取的数值要使 $a/t$ 不小于 1），将所得的直线外推至 $a/t=0$，则直线在纵轴上的截距即为 $m_e$。

3. 根据沉降曲线求 $t$ 时的 $S$ 和 $Q$ 值，完成表 2-18-1。在 $m$-$t$ 曲线上取点作 10~15 条切线，在斜率较大的地方多作几条，一直到水平部分。求出相应于这些点的时间 $t_1, t_2, t_3\cdots$ 和速度 $v_1, v_2, v_3\cdots$ 切线与纵轴相交的截距分别为 $S_1, S_2, S_3\cdots$ 利用公式求出半径不小于 $r_1, r_2, r_3\cdots$ 的颗粒质量分数 $Q_1, Q_2, Q_3\cdots$

表 2-18-1　由沉降曲线求出 $t$ 时间的 $v$、$r$、$S$、$Q$ 值

| $t$/min | $v$/m·min$^{-1}$ | $r$/m | $S$/mg | $Q(=S\cdot m_e^{-1})$ |
| --- | --- | --- | --- | --- |
|  |  |  |  |  |

4. 绘制积分分布曲线图。

5. 绘制粒子微分分布曲线。

6. 总结不同尺寸对二氧化硅粉末沉降的影响规律；归纳粉末的不同结构对粉末沉降的影响规律；总结黏度对碳酸钙和二氧化硅粉末沉降的影响规律。

备注：碳酸钙密度：$2.93 \ g \cdot cm^{-3}$，二氧化硅密度：$2.20 \ g \cdot cm^{-3}$，1% 阿拉伯胶溶液黏度：$0.995 \ 8 \times 10^{-3} \ N \cdot S \cdot m^{-2}$，1.5% 阿拉伯胶溶液黏度：$1.028 \ 0 \times 10^{-3} \ N \cdot S \cdot m^{-2}$。

## 六、注意事项

1. 配制阿拉伯胶溶液时，可在不高于 50 ℃恒温水浴中加热搅拌使其溶解。

2. 在阿拉伯胶溶液中搅拌粉末时勿剧烈搅拌，以免产生气泡。

3. 使用扭力天平时，每次对金属盘进行操作时要关闭制动旋钮。金属盘要轻拿轻放。

4. 在用扭力天平测定沉积量时，从搅拌完毕到第一次读数，动作要迅速，时间越短越好，一般以 15~20 s 为宜。

## 七、思考题

1. 悬浮液中为什么要加入阿拉伯胶？

2. 实验时若称量盘底部附有气泡，对实验结果有何影响？

3. 分散体系的浓度为什么不能太大或太小？

4. 如果粒子不是球形的，则测得的粒子半径具有什么意义？如果粒子间有聚结现象，对测定有何影响？

5. 什么原因会引起液体对流？什么原因会引起粒子聚结？如何减少它们对测定的影响？

6. 测定粉末的粒度分布还有哪些方法，这些方法的优劣之处各是什么？

# 2-19 纳米乳液的制备表征及粒度调控

## 一、实验目的

1. 了解乳状液的概念及特点；

2. 掌握相转变组成法制备纳米乳液的方法及影响因素；

3. 研究无机盐对纳米乳液的粒度和 $\zeta$ 电势的影响规律和可能作用机理。

视频

## 二、实验原理

乳状液是一种或多种液体以小液珠形式分散在另一种与其不相溶的液体中而形成的多相分散体系,一般由油、水和乳化剂等组分通过适当乳化方式形成。其中被分散的液体成为体系的内相亦称分散相,另一种液体则构成体系的外相也称为连续相或分散介质。将水为分散介质、油为分散相的乳状液称为油 / 水型或水包油型乳状液,反之称为水 / 油型或油包水型乳状液。由于分散相与分散介质之间存在巨大的相界面,所以乳状液具有多相性和聚结不稳定性的明显特点,属于热力学上的不稳定体系。为了使乳状液体系具有一定的稳定性,常需加入乳化剂作为稳定剂。乳化剂的品种繁多,大致可分为合成表面活性剂、高分子乳化剂、天然乳化剂(如卵磷脂、阿拉伯胶等)和固体粉末(如二氧化硅、石墨等)四类。乳化剂通过降低油 – 水的界面张力、在分散相液滴周围形成坚固的界面膜或液滴双电层等关键作用提高乳状液稳定性。

根据分散相粒度的不同,乳状液可分为宏观乳状液、微乳液、纳米乳液等,其中纳米乳液是指液滴直径在 100~400 nm 的乳状液,外观通常为蓝白色的透明 / 半透明的液体,具有油 – 水界面张力低、液滴尺寸小、粒度分布相对均一、乳化剂用量少和长期稳定性良好等优点。正是由于这些性质,纳米乳液的研究受到了广泛关注,并在药物制剂与高效传递、石油开采、化妆品、食品乳品营养与加工等领域得到广泛应用。

纳米乳液虽然是热力学不稳定体系,但由于布朗运动强于重力效应,具有很好的动力学稳定性。纳米乳液不能自发形成,因此在其制备过程中需要能量的输入。根据输入能量的强度,可分为高能乳化法和低能乳化法两类。高能乳化法指用高剪切、高压均质或超声等方法输入大量的能量,通过拉伸和碰撞使大液滴破裂成小液滴,从而形成纳米乳液。低能乳化法是利用体系组分释放的化学能制备纳米乳液的方法,常用的制备手段包括相转变组成法(PIC 法)、相转变温度(PIT 法)等,其乳化机理是通过改变表面活性剂的组成或者体系的温度,进而使乳液体系中表面活性剂的自发曲率发生改变,从而制备得到纳米乳液。低能乳化法具有能量输入少、仪器装置简单、成本低廉的优点,是近年来的研究热点。PIC 法反相乳化制备纳米乳液的过程一般为:将一定量的油和表面活性剂充分混合均匀并在一定温度下恒温,在对体系不断搅拌下,将水以一定的速率缓慢地滴加到油和表面活性剂的混合液中,随着体系中的油、水、表面活性剂的比例变化,体系从油包水型反胶束或者微乳液状态进一步转变成为层状液晶相或者双连续相状态,最终得到水包油型的纳米乳液。不少研究表明,升高温度、提高搅拌速率、增加乳化剂的浓度能够降低乳液粒度,滴加速率等对于乳液液滴的大小及分布也有很大的影响,进而影响乳液稳定性,因此实验需要对制备温度、滴加速率、搅拌速率等进行控制。

实际上乳状液中分散相液滴的大小并不是均一的,而是存在着一定的粒度分布,其粒度及粒度分布曲线可以通过动态光散射仪测量。乳液的粒度及粒度分布对乳液稳定性影响很大,通常随时间的增加,由于奥氏熟化、聚结等因素,分布曲线的最高峰向液滴变大的方向移动,此过程继续下去将使乳状液遭到破坏。根据 DLVO 理论,胶粒的带电稳定性、布朗运动所产生的动力稳定性和胶团的溶剂化,是憎液溶胶稳定存在的三个重要因素。其中,带电稳定性的作用是最主要的。布朗运动虽然增加了溶胶的动力稳定性,但同时也增加了胶粒的碰撞机会,一旦失去带电稳定性,粒子将因碰撞而聚结长大,就会导致布朗运动减慢,继而失去动力稳定性。乳液的带电情况可以用电动电势即 $\zeta$ 电势加以表征,对于球形粒子,$\zeta$ 电势为滑动面所包围的带电体与溶液本体间的电势差。$\zeta$ 电势小、扩散层薄,溶剂化外壳的机械阻力变弱,乳液稳定性差。少量外加电解质对 $\zeta$ 电势的数值会有显著的影响,随着电解质浓度的增加,$\zeta$ 电势的数值减小,甚至可以改变符号。$\zeta$ 电势越高,液滴之间的静电斥力越大,热运动时发生碰撞而凝聚的可能性越小,越有利于乳液的稳定,一般认为 $\zeta$ 电势的绝对值大于 30 mV 就可以获得较为稳定的乳液。

根据分散相粒子表面的带电性质不同,可将纳米乳液分为正电纳米乳液和负电纳米乳液,乳液的带电性质主要决定于所采用的乳化剂、外加电解质的种类和用量。由于单一乳化剂难以取得好的乳化效果,目前一般采用离子 - 非离子、非离子 - 非离子等表面活性剂复配使用,通过复配可明显提高乳化效果和稳定性。本实验使用绿色、环保、价格便宜且安全高效的非离子表面活性剂 Span80 和 Tween80 的复配作为乳化剂,通过 PIC 法利用反相乳化制备液体石蜡纳米乳液,并研究相关因素对乳化效果的影响规律,以帮助理解有关作用机理。

### 三、实验仪器和试剂

数显恒温加热搅拌器;恒温水浴;Nano-ZS90 动态光散射仪;离心机;恒压漏斗;圆底烧瓶(50 mL);塑料管(5 mL,10 mL)

Span80(A.R.);Tween80(A.R.);NaCl(A.R.);Na$_2$SO$_4$(A.R.);AlCl$_3$(A.R.);液体石蜡(A.R.)

### 四、实验步骤

#### (一)基础实验部分

##### 1. 液体石蜡纳米乳液的制备

将恒温水浴或恒温装置设定为实验温度,如 50 ℃。在 50 mL 圆底烧瓶中将 3 g 混合表面活性剂(Span80 和 Tween80)以质量比 Span80∶Tween80=0.44∶0.56 溶解在 3 g 液体石蜡中,磁力搅拌 2 min。恒温继续搅拌,将 24 g 水相用恒压漏斗以固定的速率(每 2 s 1 滴)缓慢滴加至含有乳化剂的油溶液中,见图 2-19-1。乳化完成后,停止搅拌,在室温下放置冷却,制备 30 g 液体石蜡纳米乳液。

**2. 水相滴加速率对液体石蜡纳米乳液制备的影响**

方法、步骤同上,改变水的滴加速率(每 1 s 1 滴),缓慢滴加至含有乳化剂的油溶液中。若时间充足,可改变更多的滴加速率进行实验。

**3. 外加电解质对液体石蜡纳米乳液制备的影响**

(1) 70 ℃下在 50 mL 圆底烧瓶中将 3 g 混合表面活性剂以质量比 Span80∶Tween80=0.44∶0.56 溶解在 3 g 液体石蜡中,磁力搅拌 2 min。恒温继续搅拌,将 24 g 水相用恒压漏斗以固定的速率(每 1 s 1 滴)缓慢滴加至含有乳化剂的油溶液中。乳化完成后,停止搅拌,在室温下放置冷却,制备 30 g 液体石蜡纳米乳液。

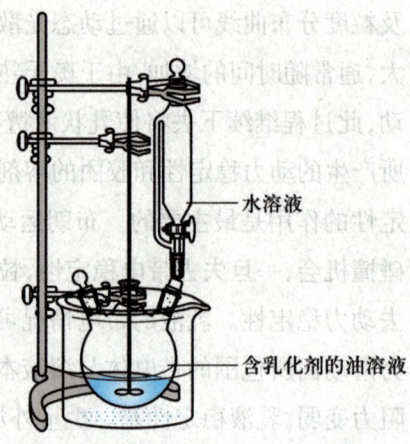

水溶液

含乳化剂的油溶液

图 2-19-1　纳米乳液制备装置图

(2) 配制 $0.2\ mol\cdot L^{-1}$ 的 NaCl 溶液、$Na_2SO_4$ 溶液、$AlCl_3$ 溶液各 50 mL,固定搅拌速率,分别在 70 ℃将其作为水相,重复步骤(1)制备液体石蜡纳米乳液。

**4. 液体石蜡纳米乳液粒度及 $\zeta$ 电势的研究**

将以上各种方法得到的液体石蜡纳米乳液稀释 1 000 倍,将 9 mL 稀释液使用 Nano-ZS90 动态光散射仪对其粒度、粒度分布和 $\zeta$ 电势进行测量。

**5. 液体石蜡纳米乳液离心稳定性研究**

取每种溶液 4 mL 各加入 1 个 5 mL 离心管中,在 $4\ 000\ rmp\cdot min^{-1}$ 的高速离心机中离心 15 min,观察评价其析水/析油或分层等物理稳定性。

**(二) 拓展实验部分**

1. 按照基础实验部分的步骤 1,分别在 $100\ r\cdot min^{-1}$、$200\ r\cdot min^{-1}$、$300\ r\cdot min^{-1}$、$400\ r\cdot min^{-1}$ 的搅拌速率下,将水相以固定的速率(每 1 s 1 滴)缓慢滴加至含有乳化剂的油溶液中,研究搅拌速率对乳化效果的影响。

2. 按照基础实验部分的步骤 1,改变混合表面活性剂 Span80∶Tween80 的用量(3%、5%、7%),研究乳化剂用量对乳化效果的影响。

3. 按照基础实验部分的步骤 3,改变外加电解质的浓度($0.2\ mol\cdot L^{-1}$,$0.5\ mol\cdot L^{-1}$,$1.0\ mol\cdot L^{-1}$),研究电解质用量对乳化效果的影响。

**五、实验数据处理**

1. 根据所测粒度、粒度分布和 $\zeta$ 电势、离心稳定性等指标列表对步骤 1 制备的纳米乳液进行评价。

2. 根据所测粒度、粒度分布和 $\zeta$ 电势、离心稳定性等指标分析三种不同无机盐对液体石蜡纳米乳液性质的影响规律及原因。

3. 根据所测粒度、粒度分布和 ζ 电势、离心稳定性等指标分析滴加速率对液体石蜡纳米乳液性质的影响规律及可能机制。

4. 根据所测粒度、粒度分布和 ζ 电势、离心稳定性等指标分析乳化温度对液体石蜡纳米乳液性质的影响规律及可能机制。

5. 根据实验结果分析搅拌速率、乳化剂用量、不同电解质浓度对液体石蜡纳米乳液性质的影响规律及可能原因。

## 六、思考题

1. 除纳米乳液外,还有哪些类型乳状液?不同乳状液的区别和联系是什么?

2. 除了粒度测量外,你还能用什么方法确定制得的乳液为纳米乳液?

3. 本实验为何采用油相加入水相的反相乳化法?查阅文献看看还有哪些乳化方法。

4. 纳米乳液的失稳机理有哪些?如何提高纳米乳液的稳定性?

5. 什么样(类型)的农药活性成分适宜制备成纳米水乳剂?

6. 根据实验结果,你能得出哪些规律性的结论?

# 2-20 B-Z 振荡反应的动力学研究

## 一、实验目的

视频

1. 掌握用电动势测定化学振荡反应的诱导期和振荡周期的方法;

2. 研究振荡反应的动力学参数的影响规律。

## 二、实验原理

按照传统化学热力学观点,化学反应体系的状态总是从始态单向地趋于平衡。不过,早在 17 世纪人们发现了具有周期性变化的反应体系,其状态随时间周期性地变化。到 1958 年,苏联化学家 Belousov 首先观察到柠檬酸在以铈离子为催化剂的酸性溶液中被溴酸钾氧化的反应中存在化学振荡现象,随后苏联生物学家 Zhabotinsky 对 Belousov 的实验做了进一步研究,发现丙二酸等有机酸的溴酸钾氧化反应也呈现化学振荡现象,而且以铁离子为催化剂也同样呈现该现象。之后的研究发现了更多可以发生化学振荡的反应体系,为了纪念 Belousov 和 Zhabotinsky,后人就把呈现化学振荡的反应称为 B-Z 反应。

对于 B-Z 反应的机理,目前广为人们接受的是由 Field、Körös 和 Noyes 提出的丙二酸在溶有硫酸铈的酸性溶液中被溴酸钾氧化的机理(简称为 FKN 机理),其总反应方程式为

$$2BrO_3^- + 3CH_2(COOH)_2 + 2H^+ \xrightarrow{Ce^{3+}/Ce^{4+}} 2BrCH(COOH)_2 + 3CO_2 + 4H_2O$$

反应的实验结果如图 2-20-1 所示。

从图 2-20-1 可见,该反应体系中同时存在 [Ce$^{4+}$]/[Ce$^{3+}$] 和 [Br$^-$] 的振荡行为,而且它们的振荡行为是相互对应的,单个振荡如图 2-20-2 所示。图 2-20-2 说明在浓度转折点 A、B、C 和 D 处,反应过程中的主要反应步骤发生了转换。根据 FKN 机理,引起反应体系呈现振荡行为的关键组分是中间化合物 HBrO$_2$、Br$^-$ 和 Ce$^{4+}$,其中 Br$^-$ 起到控制过程的作用,HBrO$_2$ 起到切换开关的作用,Ce$^{4+}$ 起到再生 Br$^-$ 的作用。因此,总反应可分为以下三个主过程:

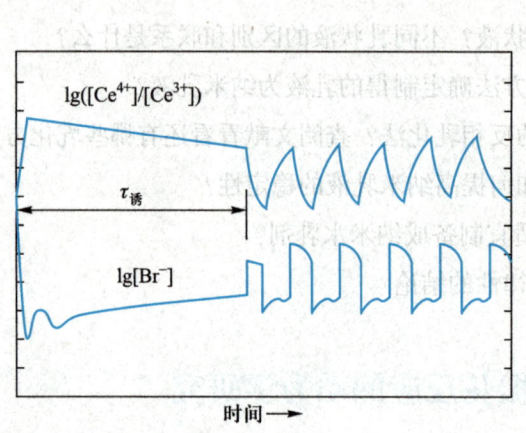

图 2-20-1   B-Z 反应中 [Ce$^{4+}$]/[Ce$^{3+}$] 和
[Br$^-$] 随时间振荡示意图

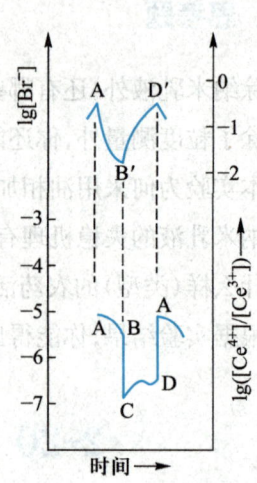

图 2-20-2   B-Z 反应
中的单个振荡循环示意图

过程 A:该过程的特点是大量消耗 Br$^-$,过程的总反应

$$BrO_3^- + 2Br^- + 3CH_2(COOH)_2 + 3H^+ \longrightarrow 3BrCH(COOH)_2 + 3H_2O$$

由以下 4 个反应步骤构成:

(A-1)      $BrO_3^- + Br^- + 2H^+ \longrightarrow HBrO_2 + HOBr$

(A-2)      $HBrO_2 + Br^- + H^+ \longrightarrow 2HOBr$

(A-3)      $HOBr + Br^- + H^+ \longrightarrow Br_2 + H_2O$

(A-4)      $Br_2 + CH_2(COOH)_2 \longrightarrow BrCH(COOH)_2 + Br^- + H^+$

可见,过程 A 是非催化过程,其最重要的中间产物是 HBrO$_2$,有研究表明,步骤 (A-1) 是过程 A 的速控步骤。

过程 B:该过程的主要特征是发生了亚溴酸 HBrO$_2$ 的自催化反应,过程的总反应

$$BrO_3^- + 4Ce^{3+} + 5H^+ \longrightarrow HOBr + 4Ce^{4+} + 2H_2O$$

由以下 3 个反应步骤构成:

(B-1) $\quad BrO_3^- + HBrO_2 + H^+ \longrightarrow 2BrO_2 + H_2O$

(B-2) $\quad BrO_2 + Ce^{3+} + H^+ \longrightarrow HBrO_2 + Ce^{4+}$

(B-3) $\quad 2HBrO_2 \longrightarrow BrO_3^- + HOBr + H^+$

将步骤(B-1)和(B-2)合并可得 $HBrO_2$ 的自催化反应:

(B') $\quad BrO_3^- + 2Ce^{3+} + HBrO_2 + 3H^+ \longrightarrow 2HBrO_2 + 2Ce^{4+} + H_2O$

式(B')表明,在 $Br^-$ 浓度较小时,$BrO_3^-$ 可以被 $Ce^{3+}$ 还原,且由 $HBrO_2$ 自催化再生成 $HBrO_2$,从而使 $HBrO_2$ 的浓度呈指数规律增长,但这种增长又会受到步骤(B-3)的限制,过程 B 的速控步骤为步骤(B-1)。

过程 A 的步骤(A-2)与过程 B 的步骤(B-1)呈现相互竞争的关系,都在利用同一个中间化合物 $HBrO_2$。当体系中 $Br^-$ 浓度足够高时,体系中的反应以过程 A 的步骤(A-2)为主,随着反应进行,体系中 $Br^-$ 被消耗,过程 A 的速率下降。而与此同时,过程 B 的步骤(B-1)对 $HBrO_2$ 的竞争力提高,当 $Br^-$ 浓度降到某个临界值 $[Br^-]_c$ 时,式(B')所致的 $HBrO_2$ 产生速率正好等于步骤(A-2)所致的 $HBrO_2$ 消耗速率;进一步反应,当 $Br^-$ 浓度小于临界值 $[Br^-]_c$ 时,式(B')产生的 $HBrO_2$ 浓度快速增加,致使 $Br^-$ 浓度因步骤(A-2)而迅速下降,从而导致反应体系的主过程从 A 转为过程 B。

过程 C:该过程是 $Br^-$ 和 $Ce^{3+}$ 的再生,过程的总反应

$$HOBr + 4Ce^{4+} + BrCH(COOH)_2 + H_2O \longrightarrow 2Br^- + 4Ce^{3+} + 3CO_2 + 6H^+$$

由以下 3 个反应步骤构成:

(C-1) $\quad 4Ce^{4+} + BrCH(COOH)_2 + 2H_2O \longrightarrow Br^- + 4Ce^{3+} + HCOOH + 2CO_2 + 5H^+$

(C-2) $\quad Br_2 + HCOOH \longrightarrow 2Br^- + CO_2 + 2H^+$

(A-3) $\quad HOBr + Br^- + H^+ \longrightarrow Br_2 + H_2O$

其中步骤(C-1)是速控步骤。当体系通过过程 C 使体系中的 $Br^-$ 浓度水平增加到临界值 $[Br^-]_c$ 时,体系中的 $HBrO_2$ 浓度又会回到过程 A 的水平。可见,过程 C 对化学振荡至关重要,如果只有过程 A 和 B,则反应就是一般的自催化反应或时钟反应,进行　次循环就结束了。有了过程 C,体系可以重新获得 $Br^-$ 和 $Ce^{3+}$,使反应得以再次启动,开始第二次循环,周而复始,形成了周期性振荡。

在 FKN 机理基础上建立起来的俄勒冈动力学模型,推导出振荡周期 $\tau_{振}$ 与过程 C 即步骤(C-1)的速率常数 $k_{C-1}$、有机物 $BrCH(COOH)_2$ 浓度 $c_B$ 均成反比关系,即 $(\tau_{振})^{-1} = K \cdot k_{C-1} \cdot c_B$,且该比例系数 $K$ 与其他反应步骤的速率常数有关,而与温度的关系不大。结合 Arrhenius 方程可得

$$\ln \frac{1}{\tau_{诱}} = -\frac{E_{诱}}{RT} + H \tag{2-20-1}$$

$$\ln \frac{1}{\tau_{振}} = -\frac{E_{振}}{RT} + J \qquad (2\text{-}20\text{-}2)$$

根据式(2-20-1)和式(2-20-2)可知温度对反应诱导期 $\tau_{诱}$ 和振荡周期 $\tau_{振}$ 有着重要影响,根据 $\ln(1/\tau_{诱})$-$1/T$ 图和 $\ln(1/\tau_{振})$-$1/T$ 图可得到直线,由直线斜率可分别计算出 B-Z 振荡反应不同阶段的表观活化能 $E_{诱}$ 和 $E_{振}$。

本实验体系是氧化-还原反应体系,根据能斯特方程可知,氧化-还原电极电势 $\varphi_{电极}$ 与构成电极的离子浓度关系为

$$\varphi_{电极} = \varphi_{电极}^{\ominus} - \frac{RT}{zF}\ln \frac{c_{还原}^{a}}{c_{氧化}^{b}} \qquad (2\text{-}20\text{-}3)$$

由此可知反应物的离子浓度会影响到电动势值,将参比电极与实验体系的氧化-还原电极构成原电池,通过测定原电池的电动势就可以获得 $\ln \dfrac{c_{还原}^{a}}{c_{氧化}^{b}}$-$\tau_{振}$ 振荡曲线,反映浓度对化学振荡的影响规律。在测定体系里用不同的金属离子可以测定不同离子浓度的变化和振荡的影响规律。一般采用金属铂(电极)与体系中的铈离子构成 $Ce^{4+}$, $Ce^{3+}$|Pt 电极,用于测定不同价态铈离子浓度的变化;如果采用溴离子选择电极,则测定溴离子浓度的变化。

本实验从温度、反应物浓度、搅拌等影响因素研究振荡反应的规律。

### 三、实验仪器和试剂

超级恒温槽;计算机;双层反应器;磁力搅拌器;铂电极一支;C($K_2SO_4$)型参比电极一支;移液管(10 mL)若干支

丙二酸溶液(0.600 mol·L$^{-1}$);硫酸溶液(3.000 mol·L$^{-1}$);溴酸钾溶液(0.250 mol·L$^{-1}$);硫酸铈铵溶液(0.004 mol·L$^{-1}$)

### 四、实验步骤

#### (一)基础实验部分

1. 按图 2-20-3 连好仪器,打开超级恒温槽,将温度调节至 25.00 ℃。

2. 在双层反应器中加入 0.600 mol·L$^{-1}$ 丙二酸溶液、0.250 mol·L$^{-1}$ 溴酸钾溶液、3.000 mol·L$^{-1}$ 硫酸溶液各 10.00 mL,开启搅拌,恒温 5 min 后加入硫酸铈铵溶液 10.00 mL,观察溶液的颜色变化,同时数据采集系统记录相应的电势曲线。在诱导期内每隔 15 s 定时读取电动势的数值。起波后进入振荡期,则定点记录每个振荡波的波峰和波谷的电动势数值和对应的时间。记 6~10 个波形后可停止实验。

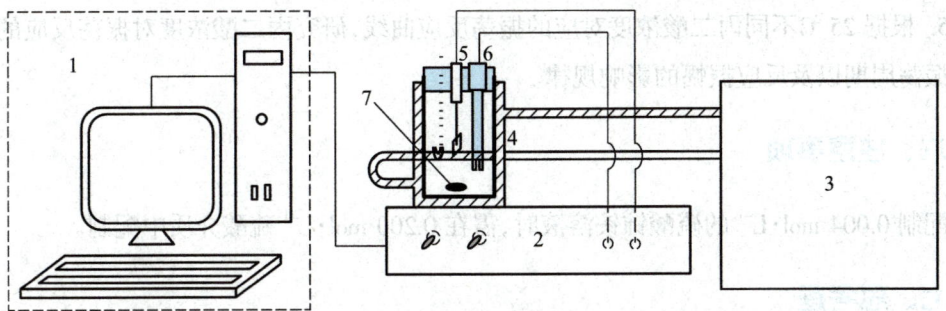

1—实验监控计算机；2—测定装置；3—超级恒温槽；4—双层反应器；5—铂电极；
6—参比电极；7—搅拌磁子

图 2-20-3 B-Z 振荡反应动力学测定装置示意图

3. 改变温度，以温度梯度为 3~4 ℃，设置 5 个实验温度，重复实验步骤 2，测量温度对 B-Z 振荡反应的影响。

4. 在不搅拌的情况下，在第 3 个温度（如 31 ℃）时进行对比实验，重复实验步骤 2，测量不搅拌对 B-Z 振荡反应的影响。

### （二）拓展实验部分

#### 1. 溴酸钾浓度对 B-Z 振荡反应的影响

改变溴酸钾浓度为 0.050 mol·L$^{-1}$、0.150 mol·L$^{-1}$、0.400 mol·L$^{-1}$，分别在 25 ℃时重复基础实验步骤 2。

#### 2. 丙二酸浓度对 B-Z 振荡反应的影响

改变丙二酸浓度为 0.200 mol·L$^{-1}$、0.400 mol·L$^{-1}$、0.800 mol·L$^{-1}$，分别在 25 ℃时重复基础实验步骤 2。

## 五、实验数据处理

1. 根据所记录的曲线，得到每个温度下振荡反应的诱导期 $\tau_{诱}$ 值，作出 $\ln\frac{1}{\tau_{诱}}-\frac{1}{T}$ 关系图，研究振荡反应在诱导期的表观活化能 $E_{诱}$。

2. 根据所记录的曲线，得到每个温度下振荡反应的振荡周期 $\tau_{振}$ 平均值，作出 $\ln\frac{1}{\tau_{振}}-\frac{1}{T}$ 图，研究振荡反应在振荡阶段的表观活化能 $E_{振}$。

3. 根据第 3 个温度时搅拌和不搅拌状态时所记录的曲线，得到振荡反应 $\tau_{诱}$ 和 $\tau_{振}$，研究搅拌对振荡反应诱导期和振荡周期的影响。

4. 根据 25 ℃不同溴酸钾浓度对应的振荡反应曲线，研究溴酸钾浓度对振荡反应的诱导期和振荡周期以及反应振幅的影响规律。

5. 根据 25 ℃不同丙二酸浓度对应的振荡反应曲线,研究丙二酸浓度对振荡反应的诱导期和振荡周期以及反应振幅的影响规律。

## 六、注意事项

配制 $0.004\ mol\cdot L^{-1}$ 的硫酸铈铵溶液时,需在 $0.200\ mol\cdot L^{-1}$ 硫酸介质中配制。

## 七、思考题

1. 影响振荡反应诱导期和振荡周期振幅的因素有哪些?

2. 已知卤素离子(如 $Cl^-$、$I^-$)容易和 $HBrO_2$ 反应,如果在振荡反应的开始或是中间加入这些离子,将会出现什么现象? 试用 FKN 机理加以分析。

3. 除了本实验的方法,还可以用什么方法来观察振荡反应的发生?

# 2-21　银纳米颗粒的制备表征及性质研究

## 一、实验目的

视频

1. 掌握银纳米颗粒的制备方法和表征方法;

2. 研究 pH 对银纳米颗粒合成的影响规律;

3. 初步研究银纳米颗粒的抗菌性能。

## 二、实验原理

银纳米颗粒,俗称纳米银,指由银原子组成的颗粒,其颗粒直径通常在 1~100 nm 范围。纳米抗菌材料是近几年研制开发的一类新型抗菌杀菌材料,是纳米科技和抗菌技术研究的重点,其具有耐老化、耐高温、综合性能优良、抗菌性稳定、长久等优点。随着物质粒径的减小,比表面积大大增加,出现许多活性中心,从而使纳米材料具有极强的吸附能力,因此纳米抗菌材料相比普通抗菌材料有不可替代的优越性。在众多的纳米金属抗菌材料中,纳米银由于具有安全、高效、广谱、缓释性好、无耐药性等特点,一直是抗菌领域的一个研究热点。

柠檬酸钠具有安全无毒、生物降解性、金属离子配位能力、极好的溶解性以及良好的生物相容性。同时由于柠檬酸根是一种较弱的配体,较容易与其他配体或生物分子进行配体交换,有利于银纳米粒子在生物体系中的应用。

本实验采用柠檬酸钠作为还原剂,和硝酸银反应,通过一步还原法来制备银纳米颗粒。反应式如下:

$$4Ag^+ + C_6H_5O_7Na_3 + H_2O + 4NO_3^- \longrightarrow 4Ag + C_5H_6O_6 + 3Na^+ + H^+ + CO_2\uparrow + 4NO_3^-$$

银纳米颗粒的形成过程,也是银离子的消耗过程,分成三个阶段:成核、生长和内熟化。随着反应的进行,银离子逐渐消耗,银原子浓度逐步增加,当达到饱和浓度时,原子开始聚集,形成小的簇即核,随着银离子的继续消耗,原子继续补给,核会扩散生长成大的纳米尺寸的初级粒子,当银离子消耗完,银纳米颗粒内银原子发生迁移,银纳米粒子的形貌发生改变,这就是粒子的内熟化。通过控制合成条件,从而可以影响银纳米颗粒形成的三阶段过程。

在柠檬酸钠一步还原法中,pH是个重要的反应条件。柠檬酸钠的还原能力会随着 pH 的变化而改变,从而对银纳米颗粒的形成过程产生影响。因此本实验在合成银纳米颗粒的过程中,用紫外－可见光谱对产物进行表征来研究 pH 的影响,并用动态光散射仪和荧光光谱表征最终产物银纳米颗粒,以及研究银纳米颗粒的抗菌性。

紫外－可见吸收光谱是因价电子的跃迁而产生的。利用物质的分子或离子对紫外和可见光的吸收所产生的紫外－可见光谱及吸收程度可以对物质的组成、含量和结构进行分析、测定、推断。金属银在紫外－可见光谱上没有吸收峰,但由于银球形纳米粒子的表面等离子共振响应,银纳米粒子在 420 nm 处附近会产生吸收峰。纳米粒子的尺寸会对吸收峰的位置产生影响,如果粒度较小,峰会产生蓝移。如果粒度较大,峰会红移并变宽。

纳米金属粒子的荧光现象和粒子的粒度密切相关。粒子尺寸较小时,激发光会使纳米银粒子的 d 或 sp 能带上的电子跃迁产生空穴,费米能级上的电子和该空穴的辐射复合发射荧光。因此银纳米颗粒在荧光光谱 289 nm 和 580 nm 处产生较强的特征荧光峰。而当粒子尺寸较大时,其表面结构发生变化,会使辐射复合效率降低从而不发射荧光。

银纳米颗粒的尺寸以及粒度分布可以用动态光散射仪表征。动态光散射法是一种常规的纳米粒度表征方法,其原理是当一束激光照射到溶液中的纳米颗粒时,颗粒的布朗运动会引起散射光强度波动,通过对波动进行分析就能得到颗粒布朗运动的速度,再利用 Stokes-Einstein 方程就能得到纳米颗粒的粒度和粒度分布。动态光散射法表征颗粒粒度,具有准确、方便快捷、可重复性好等优点。

## 三、实验仪器和试剂

磁力搅拌器;PhS-25 雷磁 pH 计;AB104-N 电子天平;NanoZS-90 动态光散射仪;普析 TU-1810PC 紫外－可见分光光度计;Fluorescence Spectrometer LS55(荧光光谱仪);Boxun 立式压力蒸汽灭菌锅;移液枪;塑料管;三口烧瓶(250 mL);容量瓶(100 mL);烧杯(50 mL)

硝酸银溶液(0.005 mol·L$^{-1}$);柠檬酸钠;氢氧化钠溶液(0.05 mol·L$^{-1}$);稀硝酸(0.1 mol·L$^{-1}$);蒸馏水;Luria-Bertani 培养基(LB 培养基);无水乙醇

## 四、实验步骤

### (一) 基础实验部分

#### 1. 不同 pH 条件下银纳米颗粒的制备

配制 100 mL $7.0 \times 10^{-3}$ mol·L$^{-1}$ 柠檬酸钠溶液。在常温下,将 100 mL $7.0 \times 10^{-3}$ mol·L$^{-1}$ 柠檬酸钠溶液加入 250 mL 三口烧瓶中,用 0.05 mol·L$^{-1}$ 氢氧化钠溶液将溶液的 pH 调节至所需的 pH(pH 可以为 6.10、8.30、11.10 等)。将上述溶液加热至沸腾,向其中加入 20.0 mL 0.005 mol·L$^{-1}$ 硝酸银溶液,搅拌,保持沸腾状态,回流,维持 1.5 h。观察并记录反应现象。在回流中途分别进行到 0.5 h、1 h 时,各取 3 mL 溶液按照步骤 3 进行紫外光谱的测定。

#### 2. 粒度的测定

将步骤 1 最终所得溶液稀释 1 000 倍后,用动态光散射仪测定所制备的样品的粒度。(具体操作见二维码视频)

#### 3. 紫外光谱的表征

用紫外 – 可见分光光度计测定步骤 1 最终所得溶液的紫外 – 可见吸收光谱。测定波长范围为 300~800 nm 波长。(具体操作见二维码视频)

### (二) 拓展实验部分

#### 1. 银纳米颗粒荧光光谱的表征

取 0.1 mL 所制备的样品,稀释到 10 mL,设置荧光光谱仪的发射光为 290 nm,扫描银纳米颗粒稀释液在 200~800 nm 的荧光光谱。(具体操作见二维码视频)

#### 2. 不同浓度的银纳米颗粒分散液对大肠杆菌的抗菌性影响

无菌试管 A 中加入已灭菌的 3 mL 200 μg·mL$^{-1}$ 银纳米颗粒分散液和 3 mL 灭菌的 LB 液体培养基,混合均匀,做三组平行;无菌试管 B 中加入已灭菌的 3 mL 36 μg·mL$^{-1}$ 银纳米颗粒分散液和 3 mL 灭菌的 LB 液体培养基,混合均匀,做三组平行;试管 C 中加入 6 mL LB 液体培养基,即空白对照。

在无菌条件下用移液枪分别向 A、B、C 试管中加入 0.6 μL 的大肠杆菌菌悬液。

将两支试管置于摇床中 37 ℃下培养 24 h。

24 h 后,将 A、B、C 试管取出观察溶液情况,并用紫外 – 可见分光光度计测定其吸光度。

## 五、实验数据处理

1. 研究不同反应时间对所制备的银纳米颗粒紫外光谱的影响规律。

2. 研究不同 pH 条件对所制备的银纳米颗粒粒度、紫外光谱和荧光光谱的影响规律及影响机制。

　　3. 研究银纳米颗粒浓度对大肠杆菌的抗菌性的影响规律。

### 六、思考题

　　1. 调节 pH 在合成过程中起什么作用?

　　2. 柠檬酸钠在制备中起什么作用?

　　3. 影响银纳米颗粒粒度及其分布的因素有哪些?

　　4. 查阅文献,还有哪些方法可以制备银纳米颗粒? 相比本实验的制备方法,这些方法的优劣是什么?

## 2-22　明胶－阿拉伯胶复凝聚相形成的影响因素及规律

### 一、实验目的

　　1. 了解复凝聚相的形成原理;

　　2. 掌握明胶－阿拉伯胶复凝聚相的制备方法;

　　3. 研究明胶－阿拉伯胶复凝聚相形成的影响因素及调控规律。

视频

### 二、实验原理

　　复凝聚相指两种带不同电荷的聚电解质通过静电相互作用发生相分离而产生沉淀的现象,是最常见的一种凝聚方法。复凝聚相的形成是一个缓慢的动力学过程,该过程可分为三个阶段:首先,两种带相反电荷的聚电解质之间相互吸引,自发聚集形成细小的可溶性复凝聚相;接着,可溶性复凝聚相在聚集过程中重新排列,形成具有低熵值构象的聚集体;最后,聚集体进一步凝聚,形成电中性的不溶性复凝聚相,此时体系出现相分离,一种为溶剂相,另一种为复凝聚相,该过程也被称为复凝聚反应。

　　复凝聚反应所用的壁材多为天然高分子聚合物,根据所带电荷性质的不同可将壁材分为聚阴离子、聚阳离子和两性电解质。其中,聚阴离子高聚物包括阿拉伯胶、海藻酸钠、羧甲基纤维素钠等;聚阳离子高聚物有壳聚糖及羧甲基壳聚糖等;两性电解质有明胶、酪蛋白、大豆分离蛋白及乳清蛋白等。阿拉伯胶(Gum Arabic,GA)是来源于豆科金合欢树属树种的树干渗出物,主要包括树胶醛糖、半乳糖、葡萄糖醛酸等,即为一种多糖聚集体,安全无毒,具有良好的溶解性、成膜性和乳化性,作为水溶性膳食纤维被广泛用于食品工艺;当 pH 在 2.0 以上时,阿拉伯胶由于羧基大部分呈解离状态而带负电荷,在 pH2.0 以下时,羧基解离被抑制而带正电荷。明胶(gelatin,GE)是胶原蛋白的水解产物,来源于动物骨头、皮肤和筋腱,安全无毒,蛋白质含量丰富,含有—COOH 和—NH₂ 两类基团为两性物质,具有凝胶性、持水性、成膜性、乳化性及起泡性等;通过调节 pH 可以改变明胶的带电性,可与不同种类的多糖物质或其他相反电性的化合物形成复凝聚物。因此,明胶和阿拉伯胶可形成蛋白质 - 多糖复凝聚体系。

复凝聚反应基于两种带有不同电荷的聚电解质之间的静电相互作用,pH 能影响聚电解质的荷电状态,因此对复凝聚反应具有极其重要的影响。当调节溶液 pH 使聚电解质所带的正、负电荷达到相对理论平衡值时,复凝聚相产率最高。该体系中通过调节溶液的 pH 改变明胶、阿拉伯胶的带电荷量,从而改变聚电解质间的静电相互作用,形成不同状态的复凝聚物。随着 pH 的减小,明胶由带负电荷转变为带正电荷,开始在静电相互吸引的作用下与阿拉伯胶聚合形成复凝聚相,pH 继续减小,正电荷相对过量后,在静电相互排斥作用以及空间位阻的作用下,复凝聚相逐渐解体。同时,除静电相互作用外,氢键、疏水相互作用等在复凝聚相的形成中也起着重要作用,因此温度也是复凝聚相形成的重要因素之一。以对大豆分离蛋白 - 壳聚糖复凝聚相为例,发现当反应温度为 25 ℃时复凝聚相产率最高,升高或降低温度均会使复凝聚相产率降低。离子会屏蔽荷电活性基团,因此对聚电解质之间的静电相互作用有不利影响,即复凝聚相产率与离子强度之间呈反比关系,随着离子强度的增强,复凝聚相产率逐渐降低。聚电解质的混合比例会影响复凝聚产物的电荷平衡,因此对复凝聚相形成也有重要影响。两种聚电解质的最佳配比与反应 pH 有关,当反应 pH 和离子强度一定时,两种聚电解质发生最强静电相互作用时的比例为一固定值。当其中一种聚合物过量时,所带电荷也相对剩余,由于静电斥力有可能使形成的复合物解离为水溶性而无法析出。除了聚合物比例外,总固形物浓度也会对复凝聚相的形成造成影响。当总固形物浓度过高时,如果其中一种电解质过量,两种聚电解质之间也不会发生复凝聚反应。这是由于在高总固形物浓度下反离子得以释放,聚电解质表面的电荷被屏蔽,从而抑制了聚电解质之间的复凝聚反应。另外,当总固形物浓度过高时,大分子聚电解质会竞争溶剂,从而由于热动力学的不兼容性而出现相分离。

复凝聚反应由于反应条件温和、所用聚电解质安全性高、来源广泛、廉价易得,而且可通过控制反应条件来获得具有不同功能性质的复凝聚相,因此在医药、印染、食品、农业等领域具有广泛的应用前景。本实验选择明胶 - 阿拉伯胶复凝聚相,根据体系吸光度的变化,研究 pH、聚合物比例、温度、搅拌速率等对复凝聚相形成的影响规律及调控机制。

### 三、实验仪器和试剂

烧杯(150 mL);分析天平;数显恒温搅拌器;pHS-25 型 pH 计;722 s 分光光度计
1% 明胶溶液;1% 阿拉伯胶;乙酸溶液(0.30 mol·L⁻¹,0.15 mol·L⁻¹);NaOH 溶液(0.10 mol·L⁻¹);
标准缓冲溶液(pH=4.00,pH=6.86)

### 四、实验步骤

#### （一）基础实验部分

##### 1. 不同 pH 对明胶－阿拉伯胶复凝聚相形成的影响

配制明胶－阿拉伯胶混合反应液总共 90 g，其中明胶和阿拉伯胶的总固形物质量为 0.09 g，两者质量比为 1∶1。

在 150 mL 烧杯中加入反应液，50 ℃恒温，搅拌 5 min 后，在搅拌状态下逐滴滴加 0.30 mol·L⁻¹ 或 0.15 mol·L⁻¹ 乙酸溶液，逐渐调节溶液的 pH 为 4.90、4.70、4.60、4.40、4.25、4.15、4.00、3.90、3.70、3.50，每个溶液在 pH 稳定 2 min 后，观察溶液状态变化，记录现象，取样于 400 nm 波长下测量吸光度值。

##### 2. 不同浓度比对明胶－阿拉伯胶复凝聚相形成的影响

配制一系列不同浓度比明胶－阿拉伯胶反应液各 90 g，其中明胶和阿拉伯胶的总固形物质量均为 0.09 g，两者质量比分别为 2∶1、3∶2、2∶3、1∶2。

将反应液置于 50 ℃恒温水浴中，搅拌 5 min，逐滴滴加 0.30 mol·L⁻¹ 乙酸溶液，将 pH 调到特定值（此特定值为步骤 1 中吸光度最大时对应的 pH），稳定 2 min 后，观察并记录反应液状态，取样于 400 nm 波长下测量各个样品的吸光度值。

#### （二）拓展实验部分

##### 1. 不同温度对明胶－阿拉伯胶复凝聚相形成的影响

配制明胶－阿拉伯胶混合反应液共 90 g，其中明胶和阿拉伯胶的总固形物质量为 0.09 g，两者质量比为 1∶1。

将反应液置于 150 mL 烧杯中，分别在 30 ℃、40 ℃、50 ℃、60 ℃、65 ℃恒温水浴中，参照基础实验部分步骤 1 中最高吸光度值对应的 pH，在搅拌状态下调节溶液的 pH 至该值，观察溶液状态变化，记录现象，并取样于 400 nm 波长下测量各温度下的吸光度值。

##### 2. 不同搅拌速率对明胶－阿拉伯胶复凝聚相形成的影响

配制明胶－阿拉伯胶混合反应液共 90 g，其中明胶和阿拉伯胶的总固形物质量为 0.09 g，两者质量比为 1∶1。在 50 ℃恒温水浴中，设置搅拌速率分别为 100 r/min、200 r/min、300 r/min、400 r/min、500 r/min，参照基础实验部分步骤 1 中最高吸光度对应的 pH，在搅拌状态下调节溶液的 pH 至该值，观察溶液状态变化，记录现象，并取样于 400 nm 波长下测量各样品的吸光度值。

##### 3. 不同 pH 调节速率对明胶－阿拉伯胶复凝聚相形成的影响

配制明胶－阿拉伯胶混合反应液共 90 g，其中明胶和阿拉伯胶的总固形物质量为

0.09 g,两者质量比为 1∶1。

在 50 ℃恒温水浴中,调节 pH 变化速率为 0.05 s$^{-1}$,观察溶液状态变化,记录现象,并取样于 400 nm 波长下测量各样品的吸光度值。

### 五、数据处理

1. 列表表示明胶 – 阿拉伯胶复凝聚相吸光度值随 pH 变化的关系,以 pH 作为自变量,作出明胶 – 阿拉伯胶复凝聚相的吸光度曲线,分析 pH 对复凝聚相形成的影响。

2. 列表表示聚合物的不同浓度比和明胶 – 阿拉伯胶复凝聚相吸光度值之间的关系,作出明胶 – 阿拉伯胶复凝聚相的浓度比 – 吸光度曲线,分析不同浓度比对复凝聚相形成的影响,确定复凝聚相形成的最佳比。

3. 列表表示不同温度和明胶 – 阿拉伯胶复凝聚相吸光度值之间的关系,作出明胶 – 阿拉伯胶复凝聚相的温度 – 吸光度曲线,总结温度对复凝聚相形成的影响规律。

4. 列表表示不同搅拌速率和明胶 – 阿拉伯胶复凝聚相吸光度值之间的关系,作出明胶 – 阿拉伯胶复凝聚相的搅拌速率 – 吸光度曲线,归纳搅拌速率对复凝聚相形成的影响规律。

5. 列表表示不同 pH 调节速率和明胶 – 阿拉伯胶复凝聚相吸光度值之间的关系,讨论并归纳不同 pH 调节速率对复凝聚相形成的影响规律。

### 六、注意事项

1. pH 计使用前需用 pH 标准缓冲溶液标定。
2. 溶液吸光度随温度变化比较快,测量过程需加快速度,吸光度值取最初的两个数值。
3. 每次测量完的溶液需倒回原溶液中。

### 七、思考题

1. 如何确定明胶的等电点?
2. 表征复凝聚相的方法还有哪些?说明这些方法的优劣之处。

## 2-23   杀菌剂硫悬浮剂的制备表征及性质研究

视频

### 一、实验目的

1. 了解悬浮剂的特点及制备方法;
2. 掌握悬浮剂的质量控制指标检测方法;

3. 研究分散剂对硫悬浮剂理化性质的影响规律和可能作用机理。

## 二、实验原理

悬浮剂（suspension concentration，SC），俗称浓悬浮剂、水悬剂、胶悬剂，是以水为分散介质，借助表面活性剂和其他助剂的作用，由难溶于水的农药原药以粒径 0.1~5 μm（平均 2~3 μm）均匀分散，而形成的高悬浮、能流动、比较稳定的固－液分散体系。悬浮剂是水基化农药制剂中发展最快的制剂种类，与其他剂型相比，具有以下优点：具有较高药效，有效成分微粒小，便于有害生物的摄取与吸收；对环境友好，无粉尘污染，不使用有毒有害溶剂；应用安全，无粉尘飘移、无有害溶剂添加，对使用者安全；以水为介质，贮藏和运输中安全；不使用有机溶剂，可避免产生药害问题；产品经济，以水为基质可加工成高浓度制剂，节省包装、贮运费用。

悬浮剂通常由农药有效成分、分散剂、润湿剂、增稠剂、消泡剂、防冻剂和水等组成，其有效成分含量一般为 5%~50%，主要制备方法为湿法超微粉碎法，即将原药、助剂、水混合后，经预分散再进入砂磨机砂磨分散，过滤后调配使用。一般用于加工悬浮剂的农药有效成分通常应满足以下几个条件：在水中溶解度 ≤ 100 mg·L$^{-1}$，不溶解为最佳；熔点 ≥ 60 ℃，以防引起粒子的聚集，破坏制剂的稳定性；在水中的化学稳定性较高。但是，作为多组分非均相粗分散体系，悬浮剂是热力学和动力学不稳定体系，在贮存过程中，易发生因粒子间相互作用而引起的絮凝和聚结现象；或由奥式熟化而引起的晶体长大；或由重力作用导致的分层和沉积现象。提高悬浮剂稳定性最有效的方法是加入分散剂。早期以相对分子质量低的烷基萘磺酸盐类分散剂（NNO、Morwet EFW）为代表，基本满足农药分散需求。随着农药制剂向低毒、环境友好方向发展，相继出现非离子表面活性剂改性物（磷酸酯、硫酸酯、羧酸盐）、大相对分子质量木质素磺酸盐（REAX 88B、聚羧酸盐分散剂）、高分子类分散剂（聚氨酯、聚醚、聚酯）等功能性助剂，以此满足悬浮剂发展要求。

分散剂作为具有亲水基团和亲油基团的表面活性剂，在外力作用下，可均匀分散农药固体颗粒，同时防止颗粒沉降和絮凝。其作用机理主要包括：一是产生静电斥力，离子型分散剂（主要为阴离子分散剂）的亲油基团吸附于农药微粒表面后形成双电层结构而产生静电斥力，根据 DLVO 理论，产生的静电斥力高于粒子间范德华力时，分散体系较为稳定；二是产生空间位阻，高分子类分散剂在微粒表面形成牢固吸附层而具有足够吸附层厚度，当聚合物链遭受叠加或压缩时，将会降低链的构型熵，导致粒子间发生排斥；三是溶剂化链作用，聚醚类分散剂因其分子结构中包含有聚氧乙烯醚链段，提供了与水较好的相溶性，而产生溶剂化效应，使被包覆有表面活性剂的农药微粒相对稳定地分散于水相中。

升华硫（难溶于水、熔点 114 ℃）可用于防治小麦白粉病、锈病、黑穗病、赤霉病、瓜类白粉病，苹果、梨、桃黑星病，葡萄白粉病等；除具有杀菌活性外，还具有杀螨作用，用于防治柑橘锈螨等。作用机理为呼吸抑制剂,作用于病菌氧化还原体系细胞色素 b 和 c 之间电子传递过程,夺取电子,干扰正常"氧化－还原",具有保护和治疗作用,没有内吸活性。为了保证农药悬浮剂的产品性能,我国化工行业标准《农药悬浮剂产品标准编写规范》(HG/T 2467.5—2003)中规定,农药悬浮剂产品应控制的项目指标有:有效成分含量、相关杂质限量、酸碱度、悬浮率、倾倒性、湿筛试验、持久起泡性、低温稳定性、热贮稳定性。

悬浮剂在应用过程中需要兑水稀释成悬浮液使用。相较于乳状液,悬浮液液滴不易在疏水性叶片或害虫表面沉积持留、润湿铺展,常需要搭配喷雾助剂使用。喷雾助剂是指农药喷雾施药或类似应用技术中使用助剂总称,主要分为表面活性剂类、高分子类、矿物油类、植物油类、无机盐类等。对于触杀性和保护性药剂,添加喷雾助剂可减少雾滴粒径、增加雾滴密度,进而提高防治效果及减少施药量;对于内吸性药剂,为使农药药液尽可能被作物吸收,较高药剂浓度、较低雾滴密度及较大雾滴均能起到较好的防治效果,添加喷雾助剂可适当增大液滴以减少飘移和蒸发。

本实验采用湿法研磨工艺制备 5% 硫悬浮剂,探究分散剂种类、浓度、研磨时间、加料方式、研磨介质粒径等因素对硫悬浮剂质量控制指标的影响规律;选择有机硅表面活性剂作为喷雾助剂,对比观察其对悬浮液液滴在疏水表面润湿渗透性能的调控过程,以帮助理解有关作用机理。

### 三、实验仪器和试剂

烧杯(50 mL);玻璃棒;玻璃珠;立式砂磨机(100 mL);研磨介质(玻璃珠);分析天平;具塞量筒;秒表;刻度尺;注射器(1 mL);LS-609 激光粒度分析仪;PVDF 膜

农药有效成分:升华硫;分散剂:木质素磺酸盐类、聚醚类、聚羧酸盐类等;润湿剂:十二烷基硫酸钠(可根据实际情况进行替代);消泡剂:有机硅类消泡剂(可根据实际情况进行替代);增稠剂:黄原胶;防冻剂:乙二醇;防腐剂:苯甲酸钠;喷雾助剂:有机硅表面活性剂

### 四、实验步骤

#### (一)基础实验部分

##### 1. 悬浮剂的制备

配方以质量分数计,如下:

(1)升华硫　5.0%。

(2)分散剂　2% 或 5%(分散剂 1:木质素磺酸盐类分散剂,分散剂 2:聚醚类分散剂,分散剂 3:木质素磺酸盐类分散剂与聚醚类分散剂质量比为 1:1 的复配分散剂)。

(3) 润湿剂　1.5%。

(4) 防冻剂　5.0%。

(5) 消泡剂　0.2%。

(6) 防腐剂　0.1%。

(7) 增稠剂　0.1%。

(8) 水　补足。

将各成分按上述比例配制总量为 50 g 的样品,倒入钢瓶,加入 25 g 粒径为 0.6~0.8 mm 玻璃珠,置于砂磨机中,研磨 1 h 后再加入 25 g 研磨玻璃珠,研磨 1 h 40 min 后,在研磨状态下加入增稠剂和消泡剂,再继续研磨 20 min。过滤,收集全部溶液。

**2. 研究研磨时间对悬浮剂粒径的影响**

按照步骤 1 中悬浮剂制备的要求,选择分散剂用量 5%,制备 5% 硫悬浮剂,分别于研磨 60 min、1 h 20 min、1 h 40 min、2 h 时,取不超过 1 mL 的悬浮液,对其粒径进行测量。保留最后制备得到的 5% 硫悬浮剂,并对其质量控制指标进行测定。

**3. 研究分散剂用量对悬浮剂质量控制指标的影响**

按照步骤 1 悬浮剂制备的要求,选择同一种分散剂的不同用量(分别为 2% 和 5%),制备硫悬浮剂,分别对其 2 h 后粒径大小、持留起泡性、分散性等质量控制指标进行测定。

**4. 研究分散剂种类对悬浮剂质量控制指标的影响**

按照步骤 1 悬浮剂制备的要求,选择 3 种不同分散剂,制备 2% 硫悬浮剂,分别对其 2 h 后粒径大小、持留起泡性、分散性等质量控制指标进行测定。

**5. 悬浮剂质量控制指标的表征**

(1) 粒径的测量　利用 LS-609 激光粒度分析仪测定悬浮剂粒径。注意测定过程中逐滴滴加悬浮剂约 1 mL,每次测量 3 遍取平均值。

(2) 持久起泡性　向 250 mL 具塞量筒内加入标准硬水(15~25 ℃)至 180 mL 刻度线处,加入 1.0 g 样品,盖上塞子,以量筒中部为中心,上下 180° 颠倒 30 次(每次 2 s)。垂直放在试验台上,静置;秒表记录在 1 min ± 10 s 时的泡沫体积(精确至 mL)。重复测定 3 次,取平均值,作为该样品持久起泡性测定结果。[可参考《农药持久起泡性测定方法》(GB/T 28137—2011)]

(3) 分散性　向 100 mL 具塞量筒中,加入 99.5 g 去离子水,用 1 mL 注射器取 0.5 mL 悬浮剂、从距离水面 5 cm 处滴入水中。观察其分散情况。按分散状况分为优、良、劣三级。[可参考《农药分散性测定方法》(GB/T 32775—2016)]

用标准硬水和 500 mg·L$^{-1}$ 硬水替代去离子水,重复以上实验。

优级:在水中呈云雾状自动分散无可见颗粒下沉;

良级:在水中能自动分散、有颗粒下沉、下沉颗粒可慢慢分散或轻微摇动后分散;

劣级：在水中不能自动分散，呈颗粒状或絮状下沉、经强烈摇动后才能分散。

### 6. 研究桶混助剂对悬浮剂润湿性的影响

将制备得到的悬浮剂稀释 1 000 倍。利用注射器缓慢形成液滴置于疏水膜表面或叶片表面，观察液滴在固体表面润湿铺展过程；取稀释后的悬浮液液滴置于 PVDF 膜，利用滴管缓慢滴加 1 滴喷雾助剂 Silwet408，对比添加前后液滴的润湿铺展过程。

### （二）拓展实验部分

#### 1. 研究研磨介质粒径对悬浮剂质量控制指标的影响

按照悬浮剂制备的方法，选择分散剂用量 2%，制备硫悬浮剂，添加粒径为 1.2~1.4 mm 玻璃珠作为研磨介质，对研磨 2 h 后硫悬浮剂粒径大小、持留起泡性、分散性等质量控制指标进行测定。

#### 2. 研究加料方式对悬浮剂质量控制指标的影响

按照悬浮剂制备的方法，选择分散剂用量 2%，制备硫悬浮剂，分别于制备时加入增稠剂和研磨 1 h 40 min 时加入增稠剂，分别对研磨 2 h 后粒径大小、持留起泡性、分散性等质量控制指标进行测定。

## 五、实验数据处理

1. 根据所测粒径分布，分析研磨时间对悬浮剂粒径的影响及可能原因。

2. 根据持留起泡性、分散性、粒径等质量控制指标分析分散剂结构对悬浮剂的影响规律及可能调控机理。

3. 根据持留起泡性、分散性、粒径等质量控制指标分析研磨分散剂用量对悬浮剂的影响规律及可能原因。

4. 分析喷雾助剂对悬浮剂润湿性的影响规律。

5. 根据持留起泡性、分散性、粒径等质量控制指标分析研磨介质粒径对悬浮剂的影响规律及可能原因。

6. 根据持留起泡性、分散性、粒径等质量控制指标分析加料方式对悬浮剂的影响规律及可能原因。

## 六、思考题

1. 悬浮剂的质量控制指标有哪些？其测量方法是什么？

2. 悬浮剂的稳定性机理是什么？如何提高悬浮剂的稳定性？

3. 什么是喷雾助剂？喷雾助剂的作用原理是什么？

4. 悬浮剂起泡存在哪些原因？阐明其解决方法。

## 2-24 用量子化学计算方法研究水的生成热

### 一、实验目的

1. 初步掌握 Gaussian 化学计算软件及配套软件 GaussView 和 UltraEdit 的基本使用方法;

2. 学习使用密度泛函(DFT)方法和热力学组合方法进行构型优化、频率计算和能量计算的基本过程;

3. 掌握化合物生成热的定义及相关研究方法。

视频

### 二、实验原理

在物理化学中,人们定义:从温度为 $T$ 的标准压力下的稳定单质,生成单独处于温度 $T$ 标准压力下的 1 mol 纯化合物 B($\beta$ 相态)过程的焓变就是化合物 B($\beta$ 相态)的标准摩尔生成热(也称为标准摩尔生成焓),用 $\Delta_f H_m^\ominus(B, \beta, T)$ 表示。例如,298.15 K 下,气态水的标准摩尔生成热 $\Delta_f H_m^\ominus(H_2O, g, 298.15\ K)$ 是以下过程的焓变:

$$H_2(g, 298.15\ K, p^\ominus) + \frac{1}{2}O_2(g, 298.15\ K, p^\ominus) \longrightarrow H_2O(g, 298.15\ K, p^\ominus)$$

$$\Delta_f H_m^\ominus(H_2O, g, 298.15\ K) = H_m^\ominus(H_2O, g, 298.15\ K) - H_m^\ominus(H_2, 298.15\ K) -$$
$$\frac{1}{2}H_m^\ominus(O_2, 298.15\ K) \tag{2-24-1}$$

一些化合物在 298.15 K 下的标准摩尔生成热已经通过量热实验测定出来,并列入手册,以供查用。但是有相当数量化合物的标准摩尔生成热不能直接测定。在此,我们学习一种通过量子化学计算获得化合物生成热的方法。

量子化学是应用量子力学的规律和方法来研究化学问题的一门学科。量子化学计算基于量子化学理论编写出计算程序,借助计算机进行计算(核心问题是解电子的薛定谔方程),从而获得体系的一些物理量,如结构、能量、偶极矩、电荷等,以达到研究物质的物理化学性质的目的。

量子化学计算的核心问题是解如方程式(2-24-2)所示的电子的薛定谔方程。

$$\left( \frac{-\nabla_i^2}{2} + \sum_A^{nuclei} \frac{-Z_A}{r_{iA}} + V(r_i) \right) \psi_i = E_i \psi_i \tag{2-24-2}$$

为了解薛定谔方程,人们引入了各种近似,根据引入近似的不同,量子化学计算方法主要分为从头算方法、半经验计算方法和密度泛函理论方法三类。

(1) 从头算方法(ab initio 方法)　严格求解分子的哈特里 – 福克 – 罗特汉方程,以获得分子轨道波函数及其能级,并利用波函数进一步计算分子的其他性质。这样的处理称为从头算方法,又称为 "Hatree-Fock 计算方法"。从头算方法主要包括① Hatree-Fock 方法(简称 HF 方法);② 组态相互作用法,如 CIS、CISD、CISDT 方法;③ 微扰方法,如 MP2、PM3、MP4 方法;④ 耦合簇方法,如 CCSD、CCSDT、CCSD(T)方法。

(2) 半经验计算方法(semi-empirical 方法)　该方法是求解 Hartree-Fock 方程时采用各种近似,或者直接使用拟合的经验参数来近似求解自洽场分子轨道方程的方法。常用的半经验计算方法有 AM1、PM3、PM6、PM7 等。根据采用的经验参数不同,半经验计算方法的应用范围也不同,应用时需要根据研究体系的具体情况进行选择。

(3) 密度泛函理论方法(density functional theory 方法,简称 DFT 方法)　函数的函数称为泛函(functional),密度泛函是把体系的能量表示成电子密度的函数,而电子密度又是空间坐标的函数。采用密度泛函理论方法大大降低了波函数变量的数目(对一个含有 $N$ 个电子的体系,其变量由 $3N$ 个降为 3 个),从而大大提高了计算速度。密度泛函理论最普遍的应用是通过 Kohn-Sham 方法实现的。一般地说,DFT 计算都是指基于 Kohn-Sham DFT 方程的计算。Kohn-Sham DFT 方程和 Hartree-Fock 方程一样,也是单电子方程。两种方程无论形式还是求解上都非常相似,求解出的单电子轨道都可称为分子轨道。

鉴于至今无法知道密度泛函的精确形式,因此密度泛函理论的一个中心问题是寻找更好的密度泛函形式。目前常用的密度泛函方法有 B3LYP、M06、M06-2X、ωB97XD 等。综合考虑计算精度和计算时间,DFT 方法是计算中等大小体系时的首选方法。

人们为了更精确地计算体系的热力学物理量,专门开发出了热力学组合方法,该方法是专门用来高精度计算热力学量的方法,其目标是使得计算出的热力学量误差达到化学精度($1 \text{ kcal·mol}^{-1}$)甚至更低。这类方法实际上是一套过程进行组合之后自动完成的。例如某一组合包括中低级别优化构型、做振动分析获得热力学校正量,并在高级别下做单点计算并进行适当的经验校正或外推,整套过程自动完成。所以在使用热力学组合方法时不能指定基组,也不需要事先做结构优化。目前流行的热力学组合方法包括三类:Gaussian n 系列(如 G1、G2、G3、G4 方法等)、CBS 系列(如 CBS-4M、CBS-QB3、CBS-APNO 方法等)和 Weizmann-n(Wn)系列(如 W1U、W1BD 方法等)。其中 CBS-APNO 和 G4 等方法的计算误差小于 $1 \text{ kcal·mol}^{-1}$。

本实验中可采用两种方法计算气态水在 298.15 K 下的标准摩尔生成热,并比较不同方法的计算结果。采用的计算方法为:(1) 密度泛函 B3LYP 搭配 6-31G(d,p)基组;(2) 热力学组合方法 G4。采用的计算软件是 Gaussian 软件。Gaussian 软件是目前使用极为广泛的一款量子化学计算软件。目前最新的版本是 Gaussian 16。Gaussian 软件包含了从头算方法、密度泛函理论方法、半经验计算方法、分子力学方法等多种计算方法,具有操作简单、功能强大的特点。使用 Gaussian 16 进行计算的基本过程如下：

（1）构建分子构型　通过 GaussView 或 Chem3D 软件等构建化合物的初始构型。本实验采用 GaussView 作为建模软件。GaussView 主要功能有创建三维分子模型、计算任务设置全面支持 Gaussian 计算，以及显示 Gaussian 计算结果等。

（2）选取计算方法　根据现有的计算条件、模型的大小，以及所要解决的问题，选择可行的计算方法，建议采用 UltraEdit 软件编制输入文件。

（3）运行计算　将输入文件提交给 Gaussian 16 程序进行构型优化、振动频率计算等，获得分子的平衡几何构型、能量、电荷等信息。对于稳定的反应物、产物或中间体，其振动频率全部为振动实频（正值）而无虚频（虚频为负值）；对于化学反应过渡态，其有且只有一个虚频。

（4）分析和整理计算结果　对计算结果进行分析和整理，一般包括构型描述、能量分析、轨道组成分析、电荷和成键分析等，提取有用的信息。

本实验中需要提取的是三种分子 $H_2$、$O_2$ 和 $H_2O$ 的标准摩尔熵，然后将三种分子的标准摩尔焓代入式（2-24-1），计算出气态水在 298.15 K 下的标准摩尔生成热。

### 三、实验仪器和计算软件

#### 1. 仪器
用于计算的计算机或服务器

#### 2. 软件
A. GaussView；Gaussian

B. 计算软件

### 四、实验步骤

#### （一）基础实验部分

#### 1. 上机计算
本实验采用 Gaussian 16 程序中的两种方法：B3LYP/6-31G(d,p)方法和 G4 方法分别计算 298.15 K、标准压力下 $H_2(g) + \dfrac{1}{2}O_2(g) \longrightarrow H_2O(g)$ 反应的热力学函数变化值。

（1）用 B3LYP/6-31G(d,p)方法计算　B3LYP 是采用广义近似梯度的杂化密度泛函之一。6-31G(d,p)是基组，表示内层轨道用 6 个高斯函数（GTO）拟合 1 个 Slater 函数（STO），然后用该 STO 拟合 1 个原子轨道；价层轨道则分为内、外轨，内轨用 3 个 GTO 拟合 1 个 STO，外轨用 1 个 GTO 拟合 1 个 STO，然后用这 2 个 STO 拟合 1 个价层原子轨道。该实验需要用 B3LYP/6-31G(d,p) 方法对所计算的分子进行构型优化和频率分析,因此需要在计算执行路径行使用关键词 opt 和 freq,其中 opt 即是对相应的分子进行构型优化,freq 即是对相应的分子进行频率分析。

用 B3LYP/6-31G(d,p) 方法对 $H_2O$ 分子进行计算时的输入文件(通常以 gjf 为后缀名,可以用 UltraEdit 软件编辑输入文件)和说明见表 2-24-1。

表 2-24-1　B3LYP/6-31G(d,p) 方法对 $H_2O$ 分子进行计算时的输入文件和说明

| 输入文件 | 对相应内容的说明 |
| --- | --- |
| %chk=water.chk | % 部分,保存 .chk 文件(不必保存 .chk 文件时,不写此部分) |
| #p　B3LYP/6-31G(d,p)　opt　freq | 计算执行路径 |
| $H_2O$ | 标题行 |
| 0　1 | 荷与自旋多重度 |
| O<br>H　1　R1<br>H　1　R1　2　a1<br>R1=0.96<br>a1=104.0 | 分子说明部分(此处用的是内坐标格式,用笛卡儿坐标也可以) |

同样的格式,对 $H_2$ 和 $O_2$ 进行计算的输入文件见表 2-24-2。

表 2-24-2　用 B3LYP/6-31G(d,p) 方法对 $H_2$ 和 $O_2$ 分子进行计算时的输入文件

| $H_2$ 分子的输入文件 | $O_2$ 分子的输入文件 |
| --- | --- |
| %chk=H2<br>#p　B3LYP/6-31G(d,p)　opt　freq<br>$H_2$<br>0　1<br>H<br>H　1　R1<br>R1=0.60 | %chk=O2<br>#p　B3LYP/6-31G(d,p)　opt　freq<br>$O_2$<br>0　3<br>O<br>O　1　R1<br>R1=1.32 |

注:因为 $O_2(g)$ 的基态是三重态,所以在相应的输入文件中其自旋多重度为 3。

(2) 用 G4 方法计算　G4 是热力学组合方法之一,使用热力学组合方法计算时不用指定基组。用 G4 方法对 3 种分子进行计算时的输入文件见表 2-24-3。

表 2-24-3　用 G4 方法对 $H_2O$、$H_2$ 和 $O_2$ 分子进行计算时的输入文件

| $H_2O$ 分子的输入文件 | $H_2$ 分子的输入文件 | $O_2$ 分子的输入文件 |
|---|---|---|
| %chk=G4-H2O | | |
| #G4 | %chk=G4-H2 | %chk=G4-O2 |
| $H_2O$ | #G4 | #G4 |
| 0　1 | $H_2$ | $O_2$ |
| O | 0　1 | 0　3 |
| H　1　R1 | H | O |
| H　1　R1　2　a1 | H　1　R1 | O　1　R1 |
| R1=0.96 | R1=0.60 | R1=1.32 |
| a1=104.0 | | |

将所有输入文件分别提交给 Gaussian 16 程序进行计算。

### 2. 结果输出

计算结束后用 GaussView 或 UltraEdit 软件打开 *.out 输出文件,查看是否正常计算结束,并查看全部振动频率是否为正值。

### (二)拓展实验部分

编制 $H_2$、$F_2$ 和 HF 分子的输入文件,采用 G4 方法计算 HF 在 298.15K 时的标准摩尔生成热及标准摩尔生成吉布斯自由能。

## 五、实验数据处理

1. 从每个输出文件中提取焓值,即 sum of electronic and thermal Enthalpies(H)之后的数值(该数值的单位为 Hartree),并将两种方法得到的各分子的焓值列表。

2. 根据式(2-24-1)计算两种计算方法 [B3LYP/6-31G(d,p) 和 G4] 所得到的气态水在 298.15 K、标准态下的标准摩尔生成热 $\Delta_f H_m^{\ominus}(H_2O,\ g,\ 298.15\ K)$。

3. 查热力学手册(或物理化学教材后的附录),写出用量热实验方法得到的气态水在 298.15 K、标准态下的生成热。

4. 与实验值进行对比,评价两种计算方法所得结果的误差。

## 六、注意事项

1. 一定查看输出结果中的频率是否均为正值,均为正值时表明优化所得结构为平衡结构;一定要基于平衡结构讨论各种性质,否则结果不可靠。

2. 对 $O_2(g)$ 进行计算时,其输入文件中的自旋多重度为 3,因为氧气的基态是三重态。

3. 为了便于与实验结果对比,须将能量单位 Hartree 换算成 kJ·$mol^{-1}$,1 Hartree=

$2\,625.5\ \mathrm{kJ \cdot mol^{-1}}$。

## 七、思考题

1. 初始构型的构建以及计算方法和基组的选择很大程度上决定了量化计算的准确性和耗时,那么构建合理的初始构型方法有哪些? 如何选择适合的计算方法和基组?

2. 试列举除热力学函数外,Gaussian 程序计算还能给出哪些物理化学性质的信息?

## 2-25　一种模式蛋白质与氟磺胺草醚结合机制的计算模拟研究

### 一、实验目的

视频

1. 初步掌握计算软件 SYBYL 对蛋白质晶体结构的处理方法;
2. 初步学习 BSA- 氟磺胺草醚的 Surflex-dock 分子对接方法;
3. 了解小分子 – 血清蛋白的微观作用模式;
4. 了解蛋白质及其复合物的分子动力学模拟方法。

### 二、实验原理

氟磺胺草醚(fomesafen)分子结构如图 2-25-1 所示,是先正达公司开发并于 1982 年上市的二苯醚类含氟的芽后除草剂,应用十分广泛。氟磺胺草醚的阴离子特性和水溶性使其对地下水和径流具有潜在风险。除此之外,氟磺胺草醚因具较长的自然降解半衰期,会导致有大量的残余氟磺胺草醚在环境中积累,从而对人类和动物的健康构成潜在威胁。

牛血清白蛋白(bovine serum albumin,BSA)是目前研究最广泛的一种生物活性模型蛋白质,它在外源和内源化合物的合成和转运中发挥着重要作用,常常利用化合物与 BSA 之间的相互作用来提供其在体内的吸收、分布等信息。BSA(见图 2-25-2)是含有 583 个氨基酸残基的非糖化球状蛋白质,由 3 个含有 2 个子域的同源结构域(Ⅰ,Ⅱ,Ⅲ)构成,这些结构域由 17 个二硫化物桥分成 9 个回路(L1—L9)。每个结构域中的环是由一系列大—小—大的环路构成的三联体。当配体小分子与 BSA 结合时有两个非常重要且经典的位点(site Ⅰ 和 Ⅱ),这两个位点都有自己经典的位点标志物,华法林是 site Ⅰ 的位点标志物,布洛芬是 site Ⅱ 的标志物。

本实验采用分子对接法从分子水平研究氟磺胺草醚与 BSA 的作用机理。分子对接广泛应用于小分子 – 蛋白质作用模式研究,其主要原则为几何匹配和能量匹配,综合考虑小分子与蛋白质相互作用中的静电作用、氢键作用、疏水作用、范德华作用等。作用过程自由能计算公式如下:

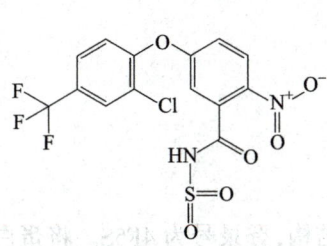

图 2-25-1    氟磺胺草醚分子结构

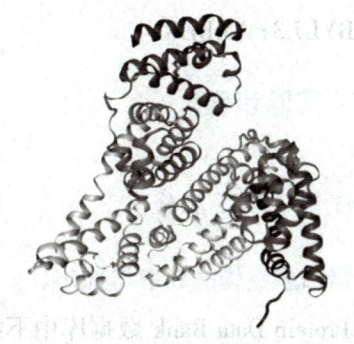

图 2-25-2    BSA 结构示意图
资料来源: PDF 数据库(登录号: 4F5S)

$$\Delta G_{\text{bind}} = \Delta H_{\text{gas}} - T\Delta S - \Delta G_{\text{sol}}^{\text{A}} - \Delta G_{\text{sol}}^{\text{B}} + \Delta G_{\text{sol}}^{\text{AB}} \qquad (2-25-1)$$

式中,A 和 B 分别表示受体分子和底物分子; $\Delta H_{\text{gas}}$ 为气态下分子对接过程的自由能变化,约为对接过程中 A 和 B 的焓变;而 $T\Delta S$ 则表示对接过程的熵变;$\Delta G_{\text{sol}}^{\text{A}}$、$\Delta G_{\text{sol}}^{\text{B}}$ 和 $\Delta G_{\text{sol}}^{\text{AB}}$ 分别为受体分子、底物分子以及复合物分子的溶剂化自由能。

分子对接方法根据不同的简化程度大致可以分为三类:刚性对接、半柔性对接及柔性对接。刚性对接是指在对接过程中,体系的构象不发生变化,适合考察比较大的体系,如蛋白质与蛋白质以及蛋白质与核酸之间的对接;半柔性对接指体系尤其是配体构象可在一定范围内变化,适合于处理小分子与大分子之间的对接,一般小分子的构象可以变化,但大分子的构象是刚性的;柔性对接指对接中体系构象基本可以自由变化,一般只用于精确考察分子之间的识别情况,但需要耗费较长的计算时间。本实验所采用的对接方法为 SYBYL 中的 Surflex-dock,属于半柔性对接方法。

分子动力学模拟(molecular dynamics simulation, MDS)用来研究小分子-蛋白质复合物体系中小分子与蛋白质在实际环境下的可能动态相互作用模式。分子动力学模拟将复合物置于真实环境中(水环境),并考虑真实环境中的压强、温度等因素来研究复合物的动态相互作用。本实验采用的分子动力学模拟软件为 AMBER14。

在本实验中,分子对接辅以分子动力学模拟的计算方法被用于研究牛血清蛋白与氟磺胺草醚的分子间相互作用;预测蛋白质-农药分子体系的结合模式;检测其生理环境下的动态行为,从而为评估氟磺胺草醚的潜在风险以及进一步研究氟磺胺草醚的生物毒性提供支持信息。

### 三、实验仪器和计算软件

电子计算机(用于 SYBYL7.3 及 Gaussian 16 的安装与计算);服务器(用于 AMBER 安装与分子动力学模拟)

SYBYL7.3；AMBER14

## 四、实验步骤

### （一）基础实验部分

#### 1. 蛋白质结构的获取与优化

从 Protein Data Bank 数据库中下载蛋白质的三维结构，登录号为 4F5S。将蛋白质结构导入 SYBYL7.3 软件，去除水分子、加氢、添加缺失原子，并利用该软件构建氟磺胺草醚的分子结构、优化蛋白质结构。

#### 2. 氟磺胺草醚的结构构建与优化

（1）利用 Gaussian 16 配套的 GaussView 程序，在工具栏里选择相应的工具，根据氟磺胺草醚结构式构建分子模型。

（2）模型构建完毕之后，设置高斯优化参数，完成优化计算。

#### 3. 分子对接

选择优化后的蛋白质及高斯优化后的小分子，利用程序产生结合口袋，完成对接并查看打分及其构象。注意保存纯蛋白质和对接后的小分子，可用来完成后续分子动力学模拟。

### （二）拓展实验部分

基于以上对接结果，使用 AMBER14 软件完成 5ns 分子动力学模拟。

## 五、实验数据处理

1. 列出氟磺胺草醚与血清蛋白的对接打分。

2. 分析对接模式，判断其中的主要作用类型。

3. 列出作用过程的能量变化，并判断过程性质。

4. 对比分子对接方法与分子动力学模拟所得到的作用模式，并分析原因。

## 六、注意事项

1. SYBYL 的文件路径及文件名采用英文字符。

2. 计算软件的默认设置一般不改动，程序出现问题可尝试变动默认路径。

## 七、思考题

1. 分子对接法的理论基础是什么？

2. 如何确定血清蛋白中农药小分子的作用位点？

3. 试述分子动力学模拟的特点与用途。

4. 请思考如何用光谱学方法验证本实验中的模拟结果。

# 3 实验仪器和实验方法

## 3-1　温度测量及控温技术

### 一、温度的测量

#### (一) 温度与温标

温度是确定物质状态的一个基本参量。物质的许多物理化学性质(如密度、体积、黏度、饱和蒸气压、旋光度、折射率、电导率、介电常数、电阻和表面张力等)都与温度有关。化学反应的平衡常数、速率常数等也与温度密切相关。因此,准确地测量及控制温度,在物理化学实验中非常重要。

温标是温度量值的表示方法。摄氏温标和热力学温标是两种常用的温标。摄氏温标是将一标准大气压下水的凝固点规定为 0 ℃,将水的沸点规定为 100 ℃,在两点之间 100 等分,每一等分为 1 ℃。1848 年开尔文(Kelvin)在卡诺循环基础上提出了热力学温标。热力学温标又被称为开尔文温标或绝对温标,单位为开尔文(K)。其数值与测温物质的性质无关。热力学温度 $T$(K) 与摄氏度 $t$( ℃ )分度值相同,只是相差一个常数,可按如下公式进行换算:$T/\text{K}=t/℃ + 273.15$。理想气体在定压条件下的体积(或定容条件下的压力)与热力学温度呈严格的线性函数关系。因此,可以对气体温度计(使用氢气、氦气等气体作为测温物质)的读数进行校正以获得热力学温度。

在实际使用过程中,为了更好地统一国际的温度量值,国际计量大会以热力学温标为标准规定了一套国际实用温标。它以一些可复现的纯物质平衡态温度值作为固定点,固定点之间的温度通过内插得到。它与热力学温标接近,复现精度高,而且使用方便。随着科学技术的进步,国际实用温标在被不断修改后越来越接近相应的热力学温标。目前采用的国际实用温标是 ITS—90。它规定:热力学温度符号为 $T$,单位为开尔文(K),1 K 等于水的三相点热力学温度的 1/273.16。

## (二) 温度计

测量温度的仪器有很多,最常用的温度计按测量方式可分为接触式温度计和非接触式温度计两种。接触式温度计是通过传导或对流达到热平衡,从而使温度计的示值能直接表示被测系统的温度,包括玻璃液体温度计、压力式温度计、电阻温度计和热电偶温度计等;非接触式温度计是基于黑体辐射的基本定律来测温的,包括光学高温计和辐射高温计等。物理化学实验中常用的有水银温度计、贝克曼温度计、热电偶温度计和电阻温度计。下面仅就这4种温度计的构造、原理、使用方法和适用范围作简要介绍。

### 1. 水银温度计

水银温度计是一种膨胀式温度计。它是最常用的温度计之一,具有价格低廉、使用简单、精度较高等优点。水银温度计由盛有水银的储汞槽、毛细管、温度标尺(刻度)和膨胀室组成(如图 3-1-1 所示)。

水银温度计是利用液体体积随温度升高而膨胀的原理制作而成的。由于水银的膨胀系数远大于玻璃的膨胀系数,因此当温度变化时,会引起水银在玻璃管内体积的变化,从而表现出液柱高度的变化。通过温度计上的温度标尺可读出待测系统的温度值。为了防止温度过高时水银胀裂玻璃管,在毛细管顶部还留有一膨胀室。

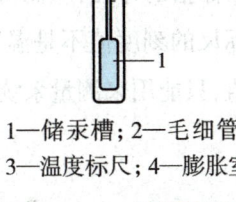

1—储汞槽; 2—毛细管;
3—温度标尺; 4—膨胀室

图 3-1-1 水银温度计

测量时温度计的储汞槽应与待测系统充分接触,且储汞槽不能碰到待测系统容器的侧壁或底部。因为温度计有热惯性,应在温度计达到稳定状态后再读数。读数时,温度计不要离开待测系统,且眼睛的视线应与毛细管中水银的凸形弯月面最高点的切线方向相平。

在测量精度要求高时,水银温度计使用前需进行校正:

(1) 示值校正 一种方法是使用纯物质的熔点或沸点为标准进行校正。例如,选若干种熔点已知的纯物质,用待校正的温度计测量它们的熔点,绘制校正曲线。另一种方法是以标准水银温度计为标准进行校正。将标准水银温度计与待校正的温度计同置于恒温槽中测定温度,将对应值一一记录,绘制校正曲线。

(2) 零位校正 用冰水混合物来校正 0 ℃的位置。

(3) 露茎校正 水银温度计分为"全浸式"和"非全浸式"两种。非全浸式温度计在正确使用时不需要进行校正。全浸式温度计在使用时,若水银部分未全部浸没在被测系统中,仅有部分水银柱受热,会产生偏差,需要予以校正(如图 3-1-2 所示),校正公式为

$$\Delta t = kh(t_{测} - t_{环}) \tag{3-1-1}$$

式中,$k$ 为水银相对于玻璃的膨胀系数(使用摄氏温标时其数值为 $0.000\,16 \cdot ℃^{-1}$),$h$ 为水银

柱露出待测系统外部分的温度读数,$t_{测}$为测量温度计的读数,$t_{环}$为辅助温度计的读数。例如,测量某液体温度时,测量温度计的读数为 180.0 ℃,液面位于测量温度计 30.0 ℃ 的位置,则露出高度 $h$=180.0 ℃ –30.0 ℃ =150.0 ℃。假设此时辅助温度计的读数为 25.0 ℃,则 $\Delta t$=0.000 16 ℃$^{-1}$× 150.0 ℃ ×(180.0 ℃ –25.0 ℃ )=3.7 ℃。故被测液体的实际温度 $t_{实}$= 180.0 ℃ + 3.7 ℃ =183.7 ℃。

使用水银温度计时,要看清它的量程。水银的熔点是 –38.86 ℃,沸点是 356.66 ℃,因此水银温度计的最大测量温度范围是 –39 ℃ ~357 ℃。水银温度计刻度间隔常为 2 ℃、1 ℃、0.5 ℃、0.2 ℃、0.1 ℃等,使用时要根据测量的精度要求选取合适的温度计。

### 2. 贝克曼温度计

贝克曼(Beckmann)温度计是一种用来精确测量系统始态温度和终态温度差值的水银温度计,由德国化学家恩斯特·奥托·贝克曼发明。贝克曼温度计与水银温度计类似,也是利用液体体积随温度升高而膨胀的原理制作而成的。它们的主要差别在于贝克曼温度计在毛细管的上端加装了一个水银储槽用来调节水银球中的水银量(如图 3-1-3 所示)。因为有水银储槽的存在,从而可以调节水银球和毛细管中的水银量。由于水银量是可变的,因此温度标尺的刻度值不是温度的绝对值。也就是说,贝克曼温度计不能用来测量系统温度的真实值,只能用来测量系统温度的变化量。

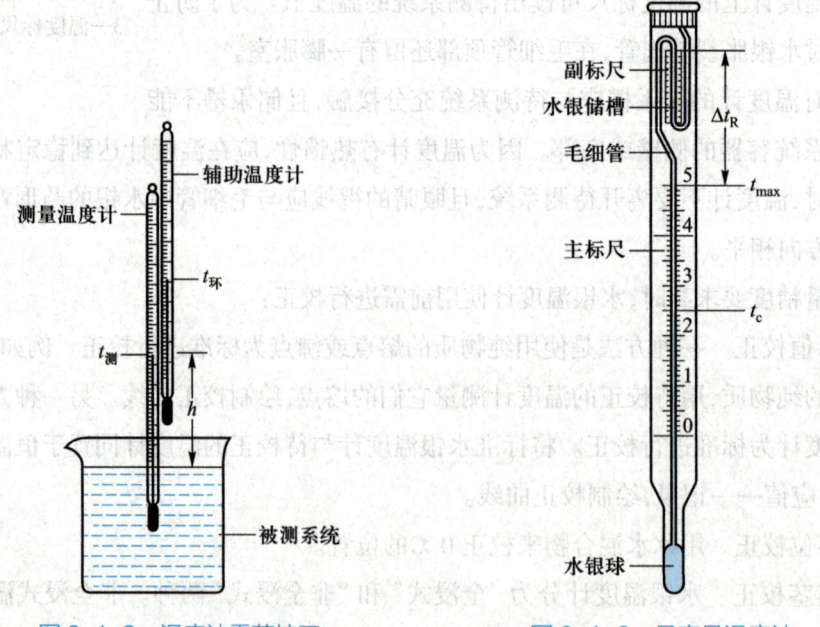

图 3-1-2  温度计露茎校正          图 3-1-3  贝克曼温度计

贝克曼温度计根据刻度标法的差异分为下降式和上升式。下降式贝克曼温度计最小读数刻在温度标尺的上端,最大读数刻在下端,用来测量温度下降值;上升式贝克曼温度计最小读数刻在温度标尺的下端,最大读数刻在上端,用来测量温度上升值。

贝克曼温度计的使用方法如下:

(1) 调整温度计水银柱的初始位置至 $t_c$。 在使用贝克曼温度计测量温差 $\Delta t$ 前,首先视测量的需要,将温度计的水银柱调整到一定的刻度 $t_c$ 上。将贝克曼温度计插入初始待测系统,如果水银面位置高于 $t_c$,则需要将高出的部分转移到水银储槽中;反之,则需将水银从水银储槽中移出作补充。

这里仅介绍上升式贝克曼温度计的恒温浴调节法。准备一个恒温浴,其温度 $t$ 可按如下公式计算:

$$t=t_0+(t_{max}-t_c)+\Delta t_R \tag{3-1-2}$$

式中,$t_0$ 是待测系统初始温度,$t_{max}$ 是温度标尺上的最大读数,$\Delta t_R$ 是水银柱由刻度最高处到弯管处毛细管末端之间的水银量所相当的温差值。

将温度计倒转使水银储槽中的水银与毛细管中的水银连接。然后慢慢直立温度计,注意勿使连接处断开。将温度计浸入备好的恒温浴,静置 5 min 左右。达到热平衡后,用左手垂直握住温度计顶部,迅速将温度计取出,用右手轻击左手手腕,使水银储槽与毛细管中水银从顶部弯管处断开。

将调好的温度计浸入温度 $t_0$ 的待测系统中,观察水银柱是否落在 $t_c$ 附近。若相差太多,则需重新调节。注意,温度计调节好后,不能再将其倒置或用手掌握水银球等,以防毛细管中水银进入水银储槽导致调节失败。

(2) 读数 将贝克曼温度计垂直浸入待测系统中,水银球应与待测系统充分接触,且水银球不能碰到待测系统容器的侧壁或底部。由于毛细管中的水银面上升或下降时有黏滞现象,所以读数前必须先用手指轻敲水银面处,消除黏滞现象后用放大镜读取数值。读数时,温度计不要离开待测系统,且眼睛的视线应与温度计内水银柱凸形弯月面的最高切线方向相平。

贝克曼温度计不能直接用来测量温度,但可通过调节水银球内的水银量,测量介质在 −20~155 ℃温度范围内的温差变化。贝克曼温度计测量的温差范围(量程)一般是 5 ℃或 6 ℃,最小刻度为 0.01 ℃,可以估计到 0.002 ℃。

### 3. 热电偶温度计

热电偶是以热电效应为基础的测温仪表。它结构简单、测量范围宽、使用方便、测温准确可靠。而且因为它的信号便于远传、自动记录和集中控制,所以还常被用于控温。

热电偶温度计由热电偶、显示仪表以及连接导线三部分组成。其中,热电偶由热电偶芯线、绝缘管、端子板、保护管、引线口和接线盒等部分组成(如图 3-1-4 所示)。热电偶芯线由两种不同材料焊接而成,材料可为廉价金属、贵金属、难熔金属和非金属四种。构成热电偶芯线的两种导体材料一端彼此连接,构成工作端,而另一端(自由端)则用导线连接到显示仪表。

　　构成热电偶芯线的两种材质的电子密度不同,不同的电子密度产生电子扩散,最终产生电动势。当工作端被插入待测系统中时,工作端与冷端之间产生温度梯度,回路中就会产生一个与温差有关的电动势(温差电势),这种现象称为热电效应。所以,如果用直流毫伏表、电势差计等测量出温差电势,则可由温差电势的大小反推出工作端与冷端之间的温度差。为了提高测量精度,可以将几支热电偶串联,称为热电堆。热电堆的温差电势等于各个热电偶温差电势之和。

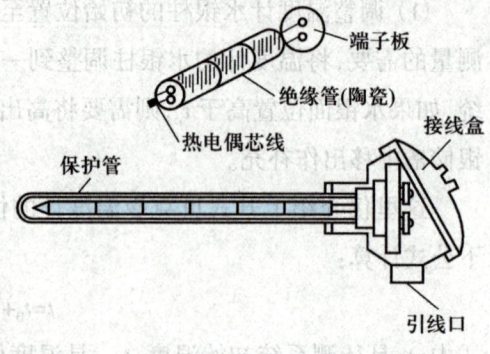

端子板
绝缘管(陶瓷)
接线盒
热电偶芯线
保护管
引线口

图 3-1-4　热电偶

　　热电偶温度计使用时,将工作端插入待测系统足够深度(注意保证与待测系统之间有充分的热交换),而将另一端插入恒温器(如储有冰水的保温容器)中以保持冷端的温度恒定,即可通过测定的温差电势值,根据热电偶芯线材料对应的温差与电动势之间的关系,换算出工作端所测的温度值。如果测温点到仪表的距离很远,可以采用适配的补偿导线把热电偶的自由端连接到仪表端子上。

　　不同材质热电偶的测温条件不同,如 S 型、R 型、B 型和 K 型热电偶都适用于在氧化性气氛中测温,E 型不推荐在还原性气氛中使用。此外,不同热电偶的测量温度范围和允许误差也有所不同,应该根据测试环境和测试精度的要求选择相应的热电偶。

### 4. 电阻温度计

　　电阻温度计是利用物质的电阻随温度而变化的规律来测量温度的测温仪器。按照感温元件的材料分类,电阻温度计可分为金属和半导体两类。电阻温度计主要用于中低温测温,灵敏度高。因为电信号便于远传、自动记录和集中控制,所以和热电偶温度计一样,常被用于控温。

　　电阻温度计由热电阻、显示仪表以及连接导线三部分组成。其中热电阻由热电阻、内部导线、绝缘管、保护管和接线座等部分组成(如图 3-1-5 所示)。热电阻通常选用的是在测温范围内物理化学性质稳定、电阻率较大、电阻温度系数大且电阻值与温度呈近线性关系的导体或半导体材料。使用铂、铜制成的铂电阻温度计和铜电阻温度计都属于定型产品。

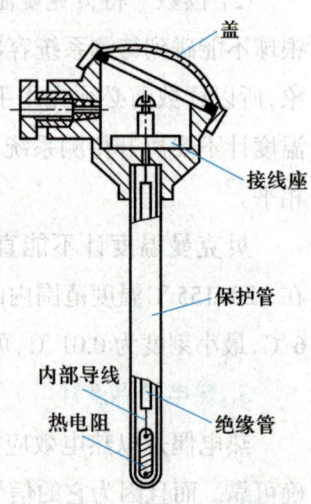

盖
接线座
保护管
内部导线
热电阻
绝缘管

图 3-1-5　热电阻

　　电阻温度计内部有精密的电阻感温元件,可直接测出埋设点的导体或半导体电阻随温度的变化值。对于某些金属导体,在一定的温度范围内,其电阻和温度有如下的关系:

$$R_T = R_0 \left[ 1 + \alpha (T - T_0) \right]$$
　　　　　　　　　(3-1-3)

式中,$R_T$ 是温度 $T$ 下的金属电阻值,$R_0$ 是温度 $T_0$ 下的金属电阻值,$\alpha$ 是电阻温度系数。

在测量温度范围内,若某金属导体的电阻温度系数 $\alpha$ 可看作一个已知的常数,则可由 $R_T$、$R_0$ 和 $T_0$ 计算出待测温度 $T$。所以将电阻信号通过观测电缆传输至采集装置,经处理即可显示出测量的温度值。由上述公式可知,$\alpha$ 越大,导体电阻越大,$R_T$ 和 $R_0$ 差值越大,测量出的 $T$ 值越准,即热电阻的灵敏度越好。

半导体作为电阻材料时,它的电阻与温度的关系和金属导体的并不相同,可以用经验公式表示:

$$\ln R_T = \frac{B}{T} + A \tag{3-1-4}$$

式中,$R_T$ 是温度 $T$ 下的电阻值,$A$ 为与热敏电阻材料相关的常数,$B$ 为与热敏电阻结构相关的常数。所以与金属电阻温度计类似,输出电阻信号即可显示出测量的温度值。因为半导体电阻的电阻值比金属的高得多,因此可与精度较低的显示仪表配套使用。

使用电阻温度计时,可将电阻温度计的热电阻一端插入待测系统中。不同电阻材料的电阻温度计适用场合和测温范围不同。铂电阻温度计准确性高、稳定性好、性能可靠,在一定温度范围内常被用作复现国际实用温标的基准温度计,测温范围为 $-272.5 \sim 961.8\,℃$。铜电阻温度计价格低廉,一般用于测量准确度要求不高且温度较低的场合,测温范围为 $-50 \sim 150\,℃$。镍电阻温度计常用于温度变化范围小,灵敏度要求较高的情形,测温范围为 $-50 \sim 300\,℃$,但一般多用于 $150\,℃$ 下的温度测量。半导体热敏电阻温度计复现性、互换性不好,但灵敏度高、成本低、体积小、响应快,测温范围一般为 $-40 \sim 350\,℃$。

## 二、控温技术

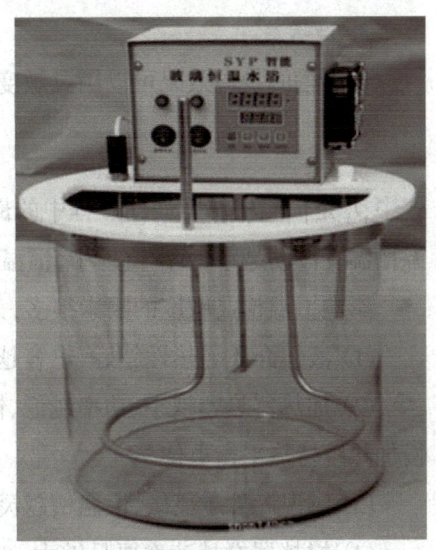

物理化学实验经常需要在恒温条件下进行,这就需要各种恒温设备。物理化学实验室中通常用恒温槽来控制温度,维持恒温。恒温槽获得恒温主要有两种方式:① 利用物质的相变点来获得恒温,如冰水混合物;② 使用恒温槽,利用负反馈的调节电路来控制加热器的开关从而控制温度,这种方式更常见。

### (一) 恒温槽构造

恒温槽的主要部件有浴槽、温度控制器、加热器、搅拌棒和温度传感器等(如图 3-1-6 所示)。

图 3-1-6 恒温槽

### (二) 控温原理

恒温槽之所以能控温,主要依靠恒温控制器来控制浴槽中液体介质的热平衡。恒温控制器的工作原理是:通过温度传感器(如热电偶温度计、电阻温度计等)对环境温度自动进行采样、即时监控;当浴槽中液体介质因对外散热而温度达到波动范围的最低值时,恒温控制器就驱使浴槽内的加热器工作;待加热到预设温度以上时,恒温控制器又使加热器停止加热,从而使浴槽中工作液体介质的温度保持相对稳定。

### (三) 恒温控制

#### 1. 浴槽中的介质的选择

不同的控温范围需要选择不同的介质:−80~15 ℃用干冰和一些有机物的混合物;−5~20 ℃用冰盐浴;−60~30 ℃用乙醇或乙醇水溶液;0 ℃用冰水混合物;0~90 ℃用水;80~160 ℃用甘油或甘油水溶液;70~300 ℃用液体石蜡、硅油,等等。

#### 2. 滞后效应

恒温槽的温度控制装置属于"通""断"类型。当加热器接通后,液体介质温度上升。但热量在介质中的传递需要时间,因此导致加热器附近介质温度高于温度传感器附近介质温度,所以当温度传感器检测到当前介质温度已达到预设值时,加热器附近介质的温度已经超过设定温度所测的温度,即发生了传感器温度传递的滞后。同理,降温时也会出现滞后现象。所以,恒温槽所谓的"恒温"并不是控制在某一固定温度不变,而是会有一个波动范围。

#### 3. 灵敏度

恒温槽的控温效果可以用灵敏度 $\Delta t_E$ 表示:

$$\Delta t_E = \pm \frac{t_2 - t_1}{2} \tag{3-1-5}$$

式中,$t_1$ 是恒温槽温度波动过程中的最低值,$t_2$ 是恒温槽温度波动过程中的最高值。显然,恒温槽温度波动越小,$\Delta t_E$ 值越小,恒温槽越灵敏。

影响恒温槽灵敏度的因素很多,大致如下:

(1) 液体介质导热性越好、热容越大,恒温槽越灵敏。

(2) 加热器热容越小、功率越低,恒温槽越灵敏,所以在恒温槽中介质温度基本稳定后用慢加热维持热平衡更佳。

(3) 感温元件越灵敏,恒温槽越灵敏。

(4) 搅拌器搅拌速率要足够大,来保证恒温槽内温度的均匀;但要注意搅拌速率也不能过大,因为搅拌过程中会引入额外的热量。

(5) 环境温度与设定温度的差值越小,控温效果越好。

# 3-2 压力测量及真空技术

## 一、压力测量

压力是确定物质状态的一个基本参量,很多物理化学实验都需要在低压的条件下进行。因此,准确地测量和控制压力是物理化学实验的基本任务之一。压力测量的方法主要有四种:液柱式、机械式、活塞式和电气式,对应四种压力计。

### 1. 液柱式压力计

液柱式压力计是通过仪表使液柱高度的重力或砝码的重量与待测压力相平衡的原理测量压力。常见的有 U 形管压力计(如图 3-2-1 所示)、单管压力计和斜管微压计等。

### 2. 机械式压力计

机械式压力计是利用各种形式的弹性元件在待测介质的压力或负压力作用下产生的弹性变形来反映待测介质压力的大小(如图 3-2-2 所示)。常见的有弹簧管压力计、波纹管压力计和膜盒式压力计。充氧装置上使用的压力表就属于此类。

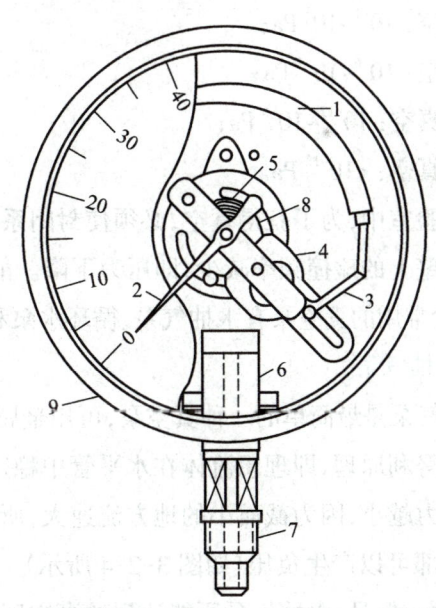

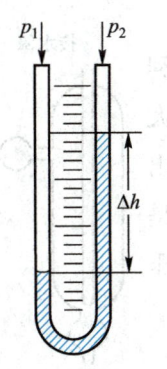

1—金属弹簧管;2—指针;3—连杆;4—扇形齿轮;5—弹簧;6—底座;7—测压接头;8—小齿轮;9—外壳

图 3-2-1 U 形管压力计        图 3-2-2 气体弹簧压力表

### 3. 活塞式压力计

活塞式压力计是基于帕斯卡定律及流体静力平衡原理工作的仪器(如图 3-2-3)。当已知的力作用在活塞一端时,活塞另一端的传压介质会产生与已知的力大小相等、方向相反的力与该力相平衡,通过作用力值和活塞的有效面积即可计算得到系统内传压介质的压力。活塞式压力计也称为压力天平,主要用作压力基准器。

### 4. 电气式压力计

电气式压力计又称为数字式压力计,是一种将压力直接或间接地转换成与压力有一定关系的各种电量,再由电量的测量而测得压力值的仪器,一般由压力传感器、测量电路和信号处理装置组成。压力传感器的种类很多,从压力与电量的转换途径来看,可分为电阻式、电容式、压阻式、压电式和压磁式等。

图 3-2-3　活塞式压力计

## 二、真空技术

通常所谓的真空并不是指完全无任何物质,而指气体的压力小于 1 个标准大气压(101.325 kPa)的空间状态。由于真空系统空间的分子密度不同,真空度也不相同。根据真空度的不同,真空体系可划分为

粗真空:$10^3 \sim 10^5$ Pa;

低真空:$10^{-1} \sim 10^3$ Pa;

高真空:$10^{-6} \sim 10^{-1}$ Pa;

超高真空:$10^{-12} \sim 10^{-6}$ Pa;

极高真空:$< 10^{-12}$ Pa。

在实验室中,为了获得真空,必须使封闭系统内气体分子的密度降低,单位时间内对单位面积器壁上的碰撞频率减少,即压力下降。能完成此项工作的装置均可称为真空泵或抽气机,实验常用的真空泵有水抽气泵、循环水泵和油封机械真空泵等。

### 1. 水抽气泵

水抽气泵是最简单的一种真空泵,可用金属或玻璃制成。它利用的是伯努利原理,即理想流体在水平管中稳定流动时,流速越大的地方压力越小,因为截面小的地方流速大,所以高速的水流冲出细口在局部可以产生负压(如图 3-2-4 所示)。水抽气泵的优点是简单、轻便。但是,水抽气泵所能达到的真空度受水本身的蒸气压的限制,20 ℃时,极限真空约为 $10^3$ Pa,因此,常用于产生粗真空。

### 2. 循环水泵

循环水泵是以循环水为工作流体的循环泵,其设计原理利用了流体射流产生的负压作用。根据轴的位置,循环泵的结构基本上可分为卧式循环泵和立式循环泵;根据压力室的类型和吸气方式,可分为蜗壳型和导叶型。

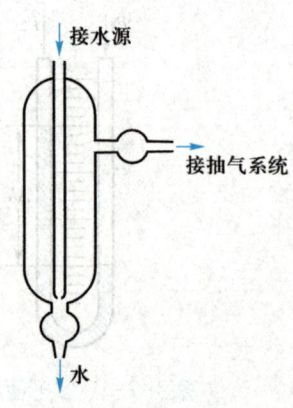

图 3-2-4　水抽气泵

　　循环泵主要由四部分组成：原动机、叶轮、泵壳和轴封装置（如图 3-2-5 所示）。原动机是循环水泵的动力装置；叶轮中通常有 6 至 12 个向后弯曲的叶片，其主要功能是连接原动机，将机械能传递到正在输送的液体中；泵壳是一种动力传递装置，同时收集叶轮抛出的液体；轴封装置是泵轴与泵壳之间的密封件，其功能是防止高压液体沿着轴的圆周从泵壳中泄漏出去或防止外部空气向内进入泵壳。

　　循环水泵启动前，泵壳应充满液体。启动后，叶轮由电动机驱动高速旋转。当叶轮旋转时，叶轮入口处的水压会降低，低于大气压，因此进水管中会形成一定的吸力。在外界大气压下，低水位推动入口阀打开，沿着入口管进入泵壳，并由叶轮抛入出口管。循环水泵可广泛用于蒸发、蒸馏、结晶、干燥、抽滤和升华等操作。循环水泵的极限真空为 $10^3$ Pa。

### 3. 油封机械真空泵

　　油封机械真空泵是用油来保持运动部件的密封，靠泵腔容积周期性变化使气体排出系统的一种真空泵。实验室常用的是旋片式真空泵，其主体部分由定子、转子和旋片组成。

　　在圆筒形定子内，装着圆柱形的转子，两个旋片横嵌在转子上，旋片之间装有弹簧（如图 3-2-6 所示）。旋片将定子分为两个室。当转子在电动机的带动下转动时，靠近进气口的一室，容积逐渐增大，将气体从系统中吸入。与此同时，靠近出气口的一室，容积逐渐减小，其中的气体推开排气阀由排气口排出。转子不断地旋转，上述过程不断地循环进行，就达到了从体系中不断排出气体的目的。出于润滑、密封和散热的需要，泵体全部浸没在真空油中。通过油窗可以看到液面的位置。

　　旋片式真空泵的极限压力一般为 $10^{-2}$ Pa，质量较好的可达到 $10^{-3}$ Pa。可见其是一种低真空泵。它可以独立使用，也可作为高真空泵的前级泵。

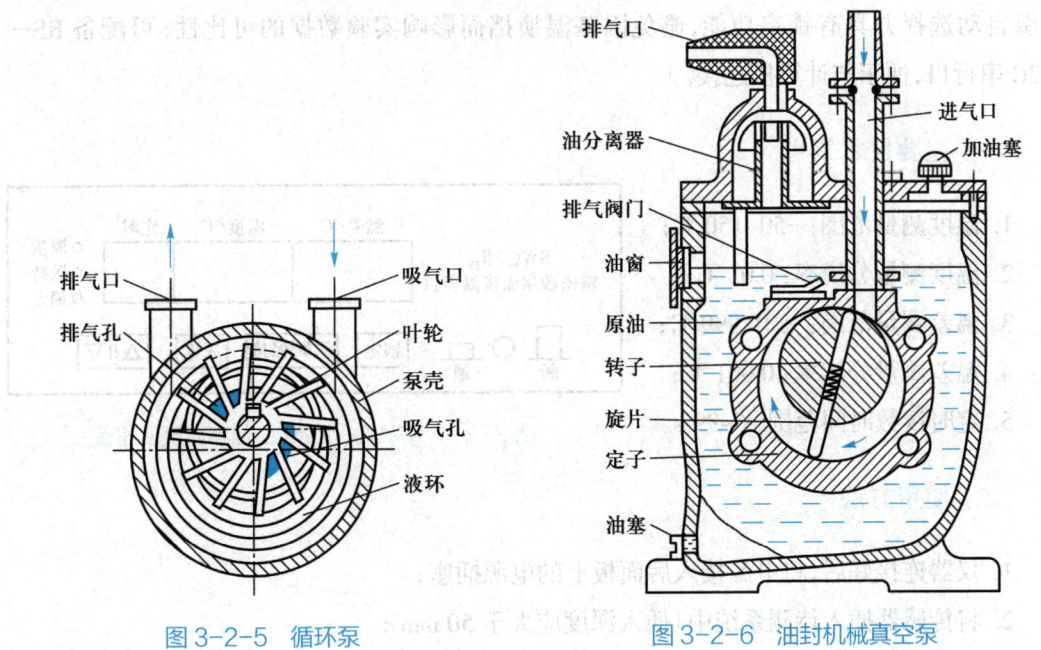

图 3-2-5　循环泵　　　　　　　　　　　　图 3-2-6　油封机械真空泵

使用油封机械真空泵时应注意以下几点：

（1）真空泵主要用于从系统中抽取干燥气体或含有少量可凝性蒸气的气体。既不能用于抽取含氧过高的、爆炸性的、腐蚀性的气体，也不能用于抽取含有颗粒状物质或与泵油发生化学反应的物质，还不能用来直接抽取易液化的蒸气（如水蒸气、乙醚、苯等）。通常，在真空泵前会加装气体净化装置。可加装吸收塔来吸收蒸气，如用干燥剂吸收水蒸气、用石蜡油吸收烃蒸气、用活性炭或硅胶吸收其他蒸气等。也可加装冷阱使蒸气冷凝，常用的制冷剂为干冰（−78 ℃）或液氮（−196 ℃）。

（2）真空泵由电机带动，使用时需注意其运转是否正常。正常运转时，不应存在摩擦、金属撞击等异响。泵油的温度不得高于 75 ℃，否则会因泵油黏度过低而导致真空泵密封性变差，造成气体泄漏，使体系真空度降低。

（3）系统与真空泵之间应接有缓冲装置。停泵前，应先利用该装置连通大气，避免泵油倒吸入体系。

## 3-3  实验仪器原理和使用方法

### 一、精密电子温差测定仪

SWC—II$_D$ 精密数字温度温差仪（如图 3–3–1 所示）与贝克曼温度计具有相同的测温功能，是一种新型测温仪器，除具有分辨率高、稳定性好、使用安全可靠等特点外，还具备以下特点：温度 – 温差双显示，无须进行计算；读数采零及超量程显示，温差测量显示更为直观；基温自动选择并具有锁定功能，避免因基温换挡而影响实验数据的可比性；可配备 RS—232C 串行口，便于与计算机连接。

#### （一）主要技术指标

1. 温度测量范围：−50~150 ℃；
2. 温度测量分辨率：0.01 ℃；
3. 温差测量范围：± 19.999 ℃；
4. 温差测量分辨率：0.001 ℃；
5. 定时读数时间范围：6~99 s。

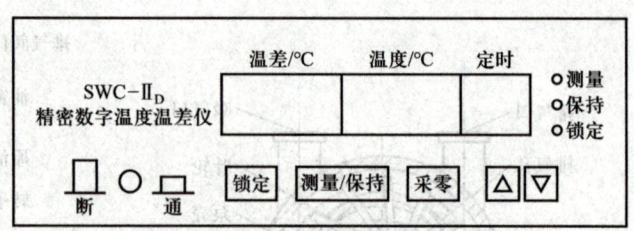

图 3–3–1  SWC–II$_D$ 精密数字温度温差仪

#### （二）使用方法

1. 仪器连接好后，将电源接入后面板上的电源插座；
2. 将传感器插入待测系统中（插入深度应大于 50 mm）；

3. 按下电源开关,此时显示屏显示仪表初始状态(实时温度);

4. 当温度温差显示值稳定后,按"采零"键,温差显示窗口显示"0.000"。再按"锁定"键,仪器自动选择其基温,稍后的变化值为采零后温差的相对变化量;

5. 要记录读数时,可按"测量/保持"键,使仪器处于保持状态(此时"保持"指示灯亮)。读数完毕,再按"测量/保持"键,即可转换到"测量"状态,进行跟踪测量;

6. 设定定时读数。按"增、减"键,设定所需的报时间隔(应大于 5 s,定时读数才会起作用)。设定完后,定时显示将进行倒计时,当一个计数周期完毕时,蜂鸣器鸣叫且读数保持约 2 s,"保持"指示灯亮,此时可观察和记录数据。消除警报,只需将定时读数设置小于 5 s 即可。

### (三) 注意事项

1. 在测量过程中,一旦按下"锁定"键后,基温自动选择和"采零"键将不起作用,直至重新开机;

2. 当仪器显示数据紊乱或显示仪器温差测量已超过量程时,应检查待测物的温度或传感器是否连接好,且重新"采零";

3. 仪器数字不变时,可检查仪器是否处于"保持"状态。

### (四) 关于温差测量的说明

待测量的实际温度为 $t$,基温为 $t_0$,则温差 $\Delta t = t - t_0$。例如:

$t_1 = 18.08\ ℃$,$t_0 = 20\ ℃$,则 $\Delta t_1 = -1.92\ ℃$（仪表显示值）

$t_2 = 21.34\ ℃$,$t_0 = 20\ ℃$,则 $\Delta t_2 = 1.34\ ℃$（仪表显示值）

要得到两个温度的相对变化量 $\Delta t'$,则

$$\Delta t' = \Delta t_2 - \Delta t_1 = (t_2 - t_0) - (t_1 - t_0) = t_2 - t_1 \tag{3-3-1}$$

由此可以看出,基温只是参考值,略有误差对测量结果没有影响。采用基温可以得到分辨率更高的温差,提高显示值的准确度。例如,用温差作比较,$\Delta t' = \Delta t_2 - \Delta t_1 = 1.34\ ℃ - (-1.92\ ℃) = 3.26\ ℃$,比用温度作比较 $\Delta t' = t_2 - t_1 = 21.34\ ℃ - 18.08\ ℃ = 3.26\ ℃$ 准确度提高。

## 二、阿贝折射仪

折射率是物质的一个重要的物理性质。通过折射率可以检验物质的纯度,可以定量地分析样品的成分。纯物质的折射率具有固定的数值。如在纯物质中混入杂质,折射率会发生变化,杂质含量越高,折射率偏差越大。物质的摩尔折射度和偶极矩等也与折射率数据相关联。因此,折射率数据可为分析物质微观结构提供参考。使用阿贝折射仪测量折射率,所需样品量少,测量精度高(可精确到 $1 \times 10^{-4}$),重现性好。因此其在教学和科研中被广泛

使用。

　　下面简要介绍阿贝折射仪的工作原理和使用方法。

### （一）基本原理

#### 1. 折射现象和折射率

　　当一束单色光从介质 1 进入另一介质 2 时,光速会发生改变,如果传播方向不垂直于相界面,会发生折射现象(如图 3-3-2 所示)。根据斯涅耳(Snell)折射定律,在温度、压力不变的条件下,入射角 $\alpha_1$、折射角 $\alpha_2$、介质 1 的折射率 $n_1$ 和介质 2 的折射率 $n_2$ 之间有如下关系:

$$\frac{\sin\alpha_1}{\sin\alpha_2}=\frac{n_2}{n_1}=n_{1,2} \tag{3-3-2}$$

　　式中,$n_{1,2}$ 表示介质 2 相对于介质 1 的相对折射率。真空的折射率规定为 1.000 00。如果介质 1 是真空,则 $n_{1,2}=n$ 称为介质 2 的绝对折射率。空气的绝对折射率(1.000 27)与真空非常接近。因此,可以将某介质相对于空气的相对折射率近似地看作该介质的绝对折射率。但在精密测定时,必须进行校正。

　　物质的折射率会因测定时所用单色光波长的不同而有所差别。因此需要在 $n$ 的右下角注以不同的字母以表示测定时所用单色光的波长,如 D、F 和 C 分别表示钠的D(黄)线,氢的 F(蓝)线和 C(红)线。此外由于折射率与介质温度有关,因而在 $n$ 的右上角注以测定时的介质温度(摄氏温标)。例如,$n_D^{25}$ 表示在 25 ℃时该介质对钠光 D线的折射率。

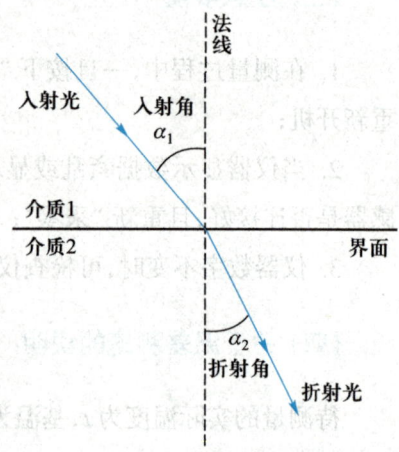

图 3-3-2　光在不同介质中的折射

#### 2. 阿贝折射仪测定液体介质折射率的原理

　　阿贝折射仪是根据临界折射现象设计的一种光学仪器。如图 3-3-3 所示,样品置于测量棱镜的镜面上,棱镜的折射率大于样品的折射率,当光的入射角逐渐增大时(从 3 到 1),折射角也随之增大(从 3′ 到 1′)。设当入射角 $\alpha_1=90°$ 时,此时的折射角 $\alpha_2$ 称为临界角。这是因为再没有比 $\alpha_2$ 更大的折射角了。棱镜中角度大于临界角的区域光照射不到为暗区,角度小于临界角的区域光可以照射到为亮区。也就是说,临界角可通过明暗分界线来确定。

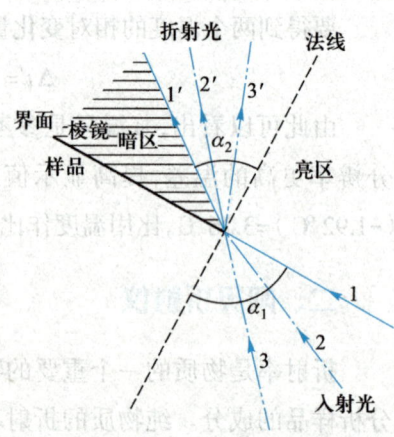

图 3-3-3　阿贝折射仪的临界折射

根据式(3-3-2)可得

$$n_1 = n_2 \frac{\sin\alpha_2}{\sin 90°} = n_2 \sin\alpha_2 \qquad (3\text{-}3\text{-}3)$$

式中,$n_1$ 和 $n_2$ 分别是试样和棱镜的折射率,$\alpha_2$ 为临界角。如公式所示,如果已知棱镜的折射率 $n_2$,在温度、单色光波长都保持恒定值的实验条件下,测定临界角 $\alpha_2$ 后,就能算出待测样品的折射率 $n_1$。阿贝折射仪就是根据上述原理而设计的。

### (二) WAY-3S 数字阿贝折射仪使用方法

1. 连接阿贝折射仪(如图 3-3-4 所示)的电源,按下"POWER"电源开关,预热 30 min,聚光照明部件中照明灯亮。

2. 打开折射棱镜部件,移去擦镜纸。仪器不使用时擦镜纸放在两棱镜之间,防止在合上棱镜时,留在棱镜上的细小硬粒弄坏棱镜工作表面。擦镜纸只用单层。

3. 检查上、下棱镜表面,并用水或乙醇小心清洁表面。测定每个样品以后也要仔细清洁两块棱镜表面,以免影响测定下一个样品的准确度。

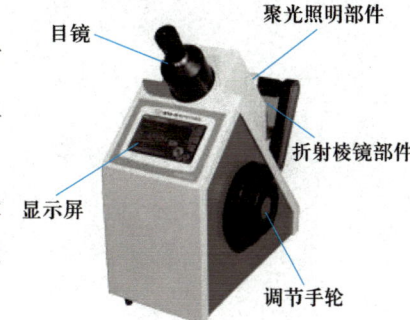

图 3-3-4 阿贝折射仪

4. 将待测样品放在下面折射镜的工作表面上。如样品为液体,用干净滴管吸 1~2 滴液体样品放在棱镜工作表面上,然后将上面的进光棱镜盖上。如样品为固体,则固体必须有一个经过抛光加工的平整光面。测量前需将抛光表面擦净,并在下面折射棱镜工作表面滴 1~2 滴折射率比固体样品折射率高的透明液体,然后将固体样品抛光表面放在折射棱镜工作表面上,使其接触良好。测固体样品时无须将上面的进光棱镜盖上。

5. 旋转聚光照明部件的转臂和聚光镜筒使进光棱镜的进光表面得到均匀照明。

6. 通过目镜观察视场,同时旋转调节手轮,使明暗分界线落在交叉线视场中。如从目镜中看到视场是暗的,可将调节手轮逆时针旋转。如从目镜中看到视场是明亮的,则将调节手轮顺时针旋转。明亮区域在视场顶部。在明亮视场情况下可旋转目镜,调节视度看清晰交叉线。

7. 旋转目镜方缺口里的色散校正手轮,同时调节聚光镜位置,使视场中明暗两部分具有良好的反差和明暗分界线具有最小的色散。

8. 旋转调节手轮,使明暗分界线准确对准交叉线的交点。

9. 按"测试"键,显示"—",数秒后"—"消失,显示待测样品的折射率。按数值后的白色键,弹出单位选择界面,可根据测试需求,选择合适的单位。

10. 测量界面中的"当前温度"一栏显示的是待测样品的实时温度。

11. 通过按主界面的"保存"记录该次测量数据。保存后的数据可按主界面的"历史数据"按钮,在弹出的显示框查看。按弹出显示框下方的"数据上传"后,当前显示的测量数据将上传至计算机的上位机软件中。也可以按右上角的"打印"按钮,数据将通过仪器的串口发送至外接的串口打印机中。

12. 样品测量结束后,用乙醇或水小心进行清洁。

13. 仪器折射棱镜部件中有通恒温水结构,如需测定样品在某一特定温度下的折射率,仪器外接恒温器,将温度调节到所需要温度再进行测量。

注意:在罕见的情况下,仪器可能出现自动复位或死机的现象,只要关闭电源后重新开启即可恢复,这是由外界强静电或外界电网波动所引起的。

# 附录 物理化学实验常用的数据表

## 附录 1 常用量的基本单位和导出单位(SI)

| 物理量名称 | 单位名称 | 单位符号 | | SI 单位 |
|---|---|---|---|---|
| 长度 | 米 | m | | |
| 质量 | 千克 | kg | | |
| 时间 | 秒 | s | | |
| 电流 | 安(培) | A | | |
| 热力学温度 | 开(尔文) | K | | |
| 物质的量 | 摩(尔) | mol | | |
| 发光强度 | 坎(德拉) | cd | | |
| 力 | 牛(顿) | N | | $kg \cdot m \cdot s^{-2}$ |
| 压力 | 帕(斯卡) | Pa | $N \cdot m^{-2}$ | $kg \cdot m^{-1} \cdot s^{-2}$ |
| 黏度 | 帕·秒 | Pa·s | | $kg \cdot m^{-1} \cdot s^{-1}$ |
| 表面张力 | 牛每米 | $N \cdot m^{-1}$ | | $kg \cdot s^{-2}$ |
| 能 | 焦(耳) | J | $N \cdot m$ | $kg \cdot m^2 \cdot s^{-2}$ |
| 功率 | 瓦(特) | W | $J \cdot s^{-1}$ | $kg \cdot m^2 \cdot s^{-3}$ |
| 电位(电势) | 伏(特) | V | $W \cdot A^{-1}$ | $kg \cdot m^2 \cdot s^{-3} \cdot A^{-1}$ |
| 电容 | 法(拉第) | F | $C \cdot V^{-1}$ | $kg^{-1} \cdot m^{-2} \cdot s^4 \cdot A^2$ |
| 介电常数 | 法每米 | $F \cdot m^{-1}$ | | $kg^{-1} \cdot m^{-3} \cdot s^4 \cdot A^2$ |
| 电阻 | 欧(姆) | Ω | $V \cdot A^{-1}$ | $kg \cdot m^2 \cdot s^{-3} \cdot A^{-2}$ |
| 电荷量 | 库(仑) | C | $A \cdot s$ | |
| 电导 | 西(门子) | S | $A \cdot V^{-1}$ | $kg^{-1} \cdot m^{-2} \cdot s^3 \cdot A^2$ |
| 磁通量 | 韦(伯) | Wb | $V \cdot s$ | $kg \cdot m^2 \cdot s^{-2} \cdot A^{-1}$ |
| 磁感应强度 | 特(斯拉) | T | $Wb \cdot m^{-2}$ | $kg \cdot s^{-2} \cdot A^{-1}$ |
| 电感 | 亨(利) | H | $Wb \cdot A^{-1}$ | $kg \cdot m^2 \cdot s^{-2} \cdot A^{-2}$ |
| 频率 | 赫(兹) | Hz | | $s^{-1}$ |
| 波数 | 每米 | $m^{-1}$ | | |

## 附录2 国际单位制用的十进制词冠

| 因数 | 词冠 | 符号 | 因数 | 词冠 | 符号 |
|------|------|------|------|------|------|
| $10^{18}$ | 艾可萨(exa) | 艾 E | $10^{-1}$ | 分(deci) | 分 d |
| $10^{15}$ | 拍它(peta) | 拍 P | $10^{-2}$ | 厘(centi) | 厘 c |
| $10^{12}$ | 太拉(tera) | 太 T | $10^{-3}$ | 毫(milli) | 毫 m |
| $10^{9}$ | 吉咖(giga) | 吉 G | $10^{-6}$ | 微(micro) | 微 μ |
| $10^{6}$ | 兆(mega) | 兆 M | $10^{-9}$ | 纳诺(nano) | 纳 n |
| $10^{3}$ | 千(kilo) | 千 k | $10^{-12}$ | 皮可(pico) | 皮 p |
| $10^{2}$ | 百(hecto) | 百 h | $10^{-15}$ | 飞母托(femto) | 飞 f |
| $10^{1}$ | 十(deca) | 十 da | $10^{-18}$ | 阿托(atto) | 阿 a |

## 附录3 常用基本物理常数

| 名称 | 符号 | 数值 | 单位 |
|------|------|------|------|
| 阿伏伽德罗常数 | L | $6.022\ 136\ 7 \times 10^{23}$ | $mol^{-1}$ |
| 玻尔兹曼常数 | $k\,(=R/L)$ | $1.380\ 658 \times 10^{-23}$ | $J \cdot K^{-1}$ |
| 单位(电子)电荷 | e | $1.602\ 177\ 33 \times 10^{-19}$ | C |
| 电子质量 | $m_e$ | $9.109\ 389\ 7 \times 10^{-31}$ | kg |
| 原子质量 | u | $1.660\ 540\ 2 \times 10^{-27}$ | kg |
| 真空磁导率 | $\mu_0$ | $4\pi \times 10^{-7}$ | $H \cdot m^{-1}$ |
| 真空电容率 | $\varepsilon_0$ | $8.854\ 187\ 82 \times 10^{-12}$ | $C^2 \cdot N^{-1} \cdot m^{-2}$ |
| 法拉第常数 | $F\,(=L \cdot e)$ | $96\ 485.309$ | $C \cdot mol^{-1}$ |
| 真空光速 | c | $2.997\ 924\ 58 \times 10^{8}$ | $m \cdot s^{-1}$ |
| 普朗克常数 | h | $6.626\ 075\ 5 \times 10^{-34}$ | $J \cdot s$ |
| 气体常数 | R | $8.314\ 510$ | $J \cdot K^{-1} \cdot mol^{-1}$ |
| 玻尔磁子 | $\mu_B = eh/4\pi m_e$ | $9.274\ 015\ 4 \times 10^{-24}$ | $J \cdot T^{-1}$ |
| 核磁子 | $\mu_N = eh/2m_p c$ | $5.050\ 786\ 6 \times 10^{-27}$ | $J \cdot T^{-1}$ |

## 附录 4　压力单位之间的换算

|  | 帕斯卡（Pa） | 工程大气压（bar） | 大气压（atm） | 毫米汞柱（mmHg） |
|---|---|---|---|---|
| 帕斯卡（Pa） | 1 | $1.02 \times 10^{-5}$ | $0.99 \times 10^{-5}$ | 0.007 5 |
| 工程大气压（bar） | 98 067 | 1 | 0.967 8 | 735.6 |
| 大气压（atm） | 101 325 | 1.033 | 1 | 760 |
| 毫米汞柱（mmHg） | 133.32 | 0.001 36 | 0.001 32 | 1 |

注：$1\ Pa=1\ N \cdot m^{-2}$，$1\ atm=1\ kgf \cdot cm^{-2}$，$1\ bar=10^{5}\ Pa$，$1\ Torr=1\ mmHg$。

## 附录 5　一些化合物的饱和蒸气压

根据 Antoine 方程，饱和蒸气压与温度的关系为

$$\lg(p/47.880\ 3) = A - \frac{B}{t+C}$$

式中，$p$（Pa）是化合物的蒸气压；$t$ 是摄氏温度（℃）；$A$、$B$、$C$ 为常数。

| 化合物 | 25 ℃的蒸气压 /Pa | 温度范围 /℃ | A | B | C |
|---|---|---|---|---|---|
| 苯 $C_6H_6$ | 12 689.4 | −12~3 | 9.106 4 | 1 885.9 | 244.2 |
|  |  | 8~103 | 6.905 65 | 1 211.03 | 220.790 |
| 丙酮 $C_3H_6O$ | 30 670.3 |  | 7.117 14 | 1 210.595 | 229.664 |
| 乙酸 $C_2H_4O_2$ | 2 078.4 | 0~36 | 7.803 07 | 1 651.2 | 225 |
|  |  | 36~107 | 7.188 07 | 1 416.7 | 211 |
| 甲醇 $CH_4O$ | 16 851.6 | −14~65 | 7.897 50 | 1 474.08 | 229.13 |
|  |  | 64~110 | 7.973 28 | 1 515.14 | 232.85 |
| 甲苯 $C_7H_8$ | 3 793.0 | 6~137 | 6.954 64 | 1 344.800 | 219.48 |
| 氯仿 $CHCl_3$ | 30 359.6 | −35~61 | 6.493 4 | 929.44 | 196.03 |
| 四氯化碳 $CCl_4$ | 15 365.1 |  | 6.879 26 | 1 212.021 | 226.41 |
| 溴 $Br_2$ | 30 173.0 |  | 9.720 9 | 2 041.3 | 260.1 |
| 乙酸 $C_2H_4O_2$ |  |  | 7.387 82 | 1 533.313 | 222.309 |
| 乙酸乙酯 $C_4H_8O_2$ | 12 570.7 | 15~76 | 7.101 79 | 1 244.95 | 217.88 |
| 乙醇 $C_2H_6O$ | 7 507.2 | −2~100 | 8.321 09 | 1 718.10 | 237.52 |
| 乙醚 $C_4H_{10}O$ | 71 234.2 |  | 6.785 74 | 994.195 | 220.0 |
| 乙酸甲酯 $C_3H_6O_2$ | 28 454.5 | 1~56 | 7.065 2 | 1 157.63 | 219.73 |

## 附录 6　一些常见物质的凝固点降低常数 $K_f$

| 溶剂 | 溶剂凝固点 /℃ | $K_f$/(K·kg·mol$^{-1}$) | 溶剂 | 溶剂凝固点 /℃ | $K_f$/(K·kg·mol$^{-1}$) |
|---|---|---|---|---|---|
| 水 | 0 | 1.858 | 三溴甲烷 | 7.80 | 14.4 |
| 苯 | 5.45 | 5.12 | 四氯化碳 | −22.95 | 29.8 |
| 乙酸 | 16.6 | 3.90 | 对二氯苯 | 52.7 | 7.11 |
| 环己烷 | 6.54 | 20.0 | 对二溴苯 | 86.0 | 12.5 |

## 附录 7　水的绝对黏度

单位：$10^{-3}$ N·m$^{-2}$·s

| 温度 /℃ | 0 | 1 | 2 | 3 | 4 | 5 | 6 | 7 | 8 | 9 |
|---|---|---|---|---|---|---|---|---|---|---|
| 0 | 1.787 | 1.728 | 1.671 | 1.618 | 1.567 | 1.519 | 1.472 | 1.428 | 1.386 | 1.346 |
| 10 | 1.307 | 1.271 | 1.235 | 1.202 | 1.169 | 1.139 | 1.109 | 1.081 | 1.053 | 1.027 |
| 20 | 1.002 | 0.977 9 | 0.954 8 | 0.932 5 | 0.911 1 | 0.890 4 | 0.870 5 | 0.851 3 | 0.832 7 | 0.814 8 |
| 30 | 0.797 5 | 0.780 8 | 0.764 7 | 0.749 1 | 0.734 0 | 0.719 4 | 0.705 2 | 0.691 5 | 0.678 3 | 0.665 4 |
| 40 | 0.652 9 | 0.640 8 | 0.629 1 | 0.617 8 | 0.606 7 | 0.596 0 | 0.585 6 | 0.575 5 | 0.565 6 | 0.556 1 |

## 附录 8　水和空气界面上的表面张力

单位：$10^{-3}$ N·m$^{-1}$

| 温度 /℃ | 表面张力 | 温度 /℃ | 表面张力 | 温度 /℃ | 表面张力 | 温度 /℃ | 表面张力 |
|---|---|---|---|---|---|---|---|
| 0 | 75.64 | 17 | 73.19 | 26 | 71.82 | 55 | 67.05 |
| 5 | 74.92 | 18 | 73.05 | 27 | 71.66 | 60 | 66.18 |
| 10 | 74.22 | 19 | 72.90 | 28 | 71.50 | 70 | 64.42 |
| 11 | 74.07 | 20 | 72.75 | 29 | 71.35 | 80 | 62.61 |
| 12 | 73.93 | 21 | 72.59 | 30 | 71.18 | 90 | 60.75 |
| 13 | 73.78 | 22 | 72.44 | 35 | 70.38 | 100 | 58.85 |
| 14 | 73.64 | 23 | 72.28 | 40 | 69.56 | 110 | 56.89 |
| 15 | 73.49 | 24 | 72.13 | 45 | 68.74 | 120 | 54.89 |
| 16 | 73.34 | 25 | 71.98 | 50 | 67.91 | 130 | 52.84 |

# 附录 9　不同温度下液体水的密度

| 温度 /℃ | 密度 / ($10^3$ kg·m$^{-3}$) | 温度 /℃ | 密度 / ($10^3$ kg·m$^{-3}$) | 温度 /℃ | 密度 / ($10^3$ kg·m$^{-3}$) |
|---|---|---|---|---|---|
| 11 | 0.999 63 | 21 | 0.998 02 | 35 | 0.994 06 |
| 12 | 0.999 53 | 22 | 0.997 80 | 38 | 0.992 99 |
| 13 | 0.999 41 | 23 | 0.997 57 | 40 | 0.992 24 |
| 14 | 0.999 27 | 24 | 0.997 33 | 45 | 0.990 25 |
| 15 | 0.999 13 | 25 | 0.997 08 | 50 | 0.988 07 |
| 16 | 0.998 97 | 26 | 0.996 81 | 55 | 0.985 73 |
| 17 | 0.998 80 | 27 | 0.996 54 | 60 | 0.983 24 |
| 18 | 0.998 63 | 28 | 0.996 26 | 65 | 0.980 59 |
| 19 | 0.998 43 | 29 | 0.995 98 | 70 | 0.977 81 |
| 20 | 0.998 23 | 30 | 0.995 68 | 75 | 0.974 89 |

# 附录 10　不同温度下水的饱和蒸气压

表 4-10-1　0.0-23.9℃范围内水的饱和蒸气压　　　单位：Pa

| 温度/℃ | 0.0 | 0.1 | 0.2 | 0.3 | 0.4 | 0.5 | 0.6 | 0.7 | 0.8 | 0.9 |
|---|---|---|---|---|---|---|---|---|---|---|
| 0 | 610.5 | 615.0 | 619.5 | 624.1 | 628.6 | 633.3 | 637.9 | 642.6 | 647.3 | 651.5 |
| 1 | 656.7 | 661.5 | 666.3 | 670.9 | 675.9 | 680.9 | 685.8 | 690.7 | 695.8 | 700.7 |
| 2 | 705.8 | 710.9 | 715.9 | 721.0 | 726.2 | 731.4 | 736.6 | 741.9 | 747.2 | 752.6 |
| 3 | 757.9 | 763.2 | 768.7 | 774.2 | 779.6 | 785.1 | 790.7 | 796.3 | 800.6 | 807.6 |
| 4 | 813.4 | 819.1 | 824.8 | 830.6 | 836.4 | 842.3 | 848.3 | 854.3 | 860.3 | 866.3 |
| 5 | 872.3 | 878.4 | 884.6 | 890.7 | 897.0 | 903.2 | 909.5 | 915.8 | 922.2 | 928.6 |
| 6 | 935.0 | 941.5 | 948.0 | 954.6 | 961.1 | 967.8 | 974.4 | 981.2 | 988.0 | 994.8 |
| 7 | 1 001.6 | 1 008.6 | 1 015.5 | 1 022.4 | 1 029.5 | 1 036.6 | 1 043.6 | 1 050.8 | 1 088.0 | 1 068.2 |
| 8 | 1 072.6 | 1 079.9 | 1 087.2 | 1 094.7 | 1 102.2 | 1 109.6 | 1 117.2 | 1 124.8 | 1 132.3 | 1 140.4 |
| 9 | 1 147.8 | 1 155.6 | 1 163.5 | 1 171.3 | 1 179.2 | 1 187.2 | 1 195.2 | 1 203.2 | 1 211.3 | 1 219.5 |
| 10 | 1 227.7 | 1 236.0 | 1 244.3 | 1 252.5 | 1 260.9 | 1 269.3 | 1 277.9 | 1 286.4 | 1 295.1 | 1 303.7 |

续表

| 温度/℃ | 0.0 | 0.1 | 0.2 | 0.3 | 0.4 | 0.5 | 0.6 | 0.7 | 0.8 | 0.9 |
|---|---|---|---|---|---|---|---|---|---|---|
| 11 | 1 312.4 | 1 321.2 | 1 330.0 | 1 338.8 | 1 347.7 | 1 356.7 | 1 365.7 | 1 374.8 | 1 383.9 | 1 393.1 |
| 12 | 1 402.2 | 1 411.6 | 1 420.9 | 1 430.2 | 1 439.7 | 1 449.2 | 1 458.6 | 1 468.2 | 1 477.8 | 1 487.5 |
| 13 | 1 497.3 | 1 507.2 | 1 517.0 | 1 526.9 | 1 536.9 | 1 547.7 | 1 557.2 | 1 567.3 | 1 577.6 | 1 587.8 |
| 14 | 1 598.1 | 1 608.5 | 1 619.0 | 1 629.6 | 1 640.1 | 1 650.8 | 1 661.4 | 1 672.2 | 1 683.0 | 1 694.0 |
| 15 | 1 704.9 | 1 715.8 | 1 726.9 | 1 738.1 | 1 749.3 | 1 760.5 | 1 771.8 | 1 783.2 | 1 794.6 | 1 806.1 |
| 16 | 1 817.7 | 1 829.4 | 1 841.0 | 1 852.9 | 1 864.7 | 1 876.6 | 1 888.6 | 1 900.6 | 1 912.7 | 1 924.9 |
| 17 | 1 937.1 | 1 949.4 | 1 961.8 | 1 974.3 | 1 986.9 | 1 999.4 | 2 012.1 | 2 024.9 | 2 037.7 | 2 050.5 |
| 18 | 2 063.4 | 2 076.4 | 2 089.5 | 2 102.7 | 2 115.8 | 2 130.0 | 2 143.0 | 2 155.9 | 2 169.4 | 2 183.0 |
| 19 | 2 196.7 | 2 210.6 | 2 224.4 | 2 238.3 | 2 252.3 | 2 266.3 | 2 280.4 | 2 294.7 | 2 309.0 | 2 323.4 |
| 20 | 2 337.8 | 2 352.0 | 2 366.3 | 2 381.5 | 2 396.3 | 2 411.1 | 2 426.1 | 2 441.0 | 2 456.0 | 2 471.2 |
| 21 | 2 486.4 | 2 501.7 | 2 517.1 | 2 532.5 | 2 548.1 | 2 563.9 | 2 579.6 | 2 595.5 | 2 611.3 | 2 627.3 |
| 22 | 2 643.3 | 2 659.5 | 2 675.7 | 2 692.1 | 2 708.5 | 2 725.1 | 2 741.7 | 2 758.4 | 2 775.0 | 2 791.8 |
| 23 | 2 808.8 | 2 825.8 | 2 842.9 | 2 860.1 | 2 877.4 | 2 894.9 | 2 912.4 | 2 930.0 | 2 947.7 | 2 965.4 |
| 24 | 2 983.3 | 3 001.3 | 3 019.4 | 3 037.7 | 3 056.0 | 3 074.4 | 3 092.8 | 3 111.3 | 3 129.8 | 3 168.5 |
| 25 | 3 167.1 | 3 185.9 | 3 204.9 | 3 223.9 | 3 243.1 | 3 262.5 | 3 281.9 | 3 301.5 | 3 321.3 | 3 341.0 |
| 26 | 3 360.9 | 3 380.9 | 3 400.8 | 3 421.0 | 3 441.2 | 3 461.5 | 3 481.9 | 3 502.4 | 3 523.1 | 3 543.9 |
| 27 | 3 564.7 | 3 585.9 | 3 607.0 | 3 628.2 | 3 649.5 | 3 671.0 | 3 692.4 | 3 714.0 | 3 735.8 | 3 757.6 |
| 28 | 3 779.5 | 3 801.5 | 3 823.6 | 3 845.9 | 3 868.3 | 3 890.8 | 3 913.5 | 3 936.3 | 3 959.2 | 3 982.3 |
| 29 | 4 005.3 | 4 028.5 | 4 051.9 | 4 075.3 | 4 098.9 | 4 122.6 | 4 146.5 | 4 170.4 | 4 194.4 | 4 218.5 |
| 30 | 4 242.8 | 4 267.2 | 4 291.7 | 4 316.4 | 4 341.0 | 4 365.8 | 4 390.8 | 4 415.8 | 4 441.2 | 4 466.6 |
| 31 | 4 492.2 | 4 517.9 | 4 543.8 | 4 569.7 | 4 595.7 | 4 621.8 | 4 648.1 | 4 674.5 | 4 701.0 | 4 727.8 |
| 32 | 4 754.6 | 4 781.5 | 4 808.6 | 4 835.8 | 4 863.1 | 4 890.6 | 4 918.3 | 4 946.0 | 4 973.9 | 5 001.9 |
| 33 | 4 976.7 | 5 058.4 | 5 086.8 | 5 115.4 | 5 144.0 | 5 172.9 | 5 201.9 | 5 231.1 | 5 260.4 | 5 289.7 |
| 34 | 5 319.2 | 5 348.9 | 5 378.7 | 5 408.6 | 5 438.9 | 5 469.2 | 5 499.6 | 5 550.1 | 5 560.8 | 5 591.7 |
| 35 | 5 622.8 | 5 654.0 | 5 685.3 | 5 716.8 | 5 748.4 | 5 780.1 | 5 812.1 | 5 848.2 | 5 876.5 | 5 908.7 |

表 4-10-2　–5.0–0.5℃及 35.0–105.0℃范围内水的饱和蒸气压

| 温度 /℃ | 0.0 | 0.5 | 1.0 | 1.5 | 2.0 | 2.5 | 3.0 | 3.5 | 4.0 | 4.5 |
|---|---|---|---|---|---|---|---|---|---|---|
| –5 | 421.7 | 437.8 | 454.6 | 472.0 | 489.7 | 508.4 | 527.4 | 547.2 | 567.6 | 588.8 |
| 35 | 5 622.8 | 5 780.1 | 5 941.2 | 6 106.1 | 6 275.1 | 6 448.1 | 6 625.0 | 6 805.9 | 6 991.6 | 7 281.8 |
| 40 | 7 375.9 | 7 574.0 | 7 778.0 | 7 986.0 | 8 199.3 | 8 416.6 | 8 639.3 | 8 867.3 | 9 100.5 | 9 339.2 |
| 45 | 9 583.2 | 9 831.2 | 10 085.8 | | 10 612.4 | | 11 160.4 | | 11 735.0 | |
| 50 | 12 333.6 | | 12 958.9 | | 13 610.9 | | 14 292.2 | | 15 000.1 | |
| 55 | 15 737.4 | | 16 505.3 | | 17 307.9 | | 18 142.5 | | 19 011.8 | |
| 60 | 19 915.7 | | 20 855.6 | | 21 834.2 | | 22 848.8 | | 23 906.0 | |
| 65 | 25 003.3 | | 26 143.2 | | 27 325.8 | | 28 553.6 | | 29 828.2 | |
| 70 | 31 157.4 | | 32 517.3 | | 33 943.9 | | 35 423.8 | | 36 957.0 | |
| 75 | 38 543.5 | | 40 183.4 | | 41 876.6 | | 43 636.4 | | 45 462.9 | |
| 80 | 47 342.8 | | 49 289.3 | | 51 315.8 | | 53 408.9 | | 55 568.8 | |
| 85 | 57 808.6 | | 60 115.0 | | 62 488.2 | | 64 941.3 | | 67 474.4 | |
| 90 | 70 095.6 | | 72 800.7 | | 75 592.4 | | 78 473.5 | | 81 446.6 | |
| 95 | 84 513.0 | | 87 675.4 | | 90 935.2 | | 94 294.9 | | 97 757.3 | |
| 100 | 101 325 | | 105 000.7 | | 108 772.4 | | 112 673.4 | | 116 665.1 | |
| 105 | 120 799.4 | | | | | | | | | |

# 附录 11　水的折射率和介电常数

| 温度 /℃ | 折射率 $n_D$ | 介电常数 $\varepsilon/(\mathrm{F\cdot m^{-1}})$ | 温度 /℃ | 折射率 $n_D$ | 介电常数 $\varepsilon/(\mathrm{F\cdot m^{-1}})$ | 温度 /℃ | 折射率 $n_D$ | 介电常数 $\varepsilon/(\mathrm{F\cdot m^{-1}})$ |
|---|---|---|---|---|---|---|---|---|
| 0 | 1.333 95 | 87.90 | 24 | 1.332 61 | 78.65 | 40 | 1.330 61 | 73.17 |
| 5 | 1.333 88 | 85.84 | 25 | 1.332 50 | 78.35 | 45 | 1.329 85 | 71.57 |
| 10 | 1.333 69 | 83.96 | 26 | 1.332 40 | 77.94 | 50 | 1.329 04 | 71.51 |
| 15 | 1.333 39 | 82.00 | 27 | 1.332 29 | 77.60 | 60 | 1.327 25 | 66.73 |
| 20 | 1.333 00 | 80.20 | 28 | 1.332 17 | 77.24 | 70 | 1.325 11 | 63.73 |
| 21 | 1.332 90 | 79.73 | 29 | 1.332 06 | 76.90 | 80 | | 60.86 |
| 22 | 1.332 80 | 79.38 | 30 | 1.331 94 | 76.60 | 90 | | 58.12 |
| 23 | 1.332 71 | 79.02 | 35 | 1.331 31 | 74.83 | 100 | | 55.51 |

## 附录 12　不同温度和浓度时氯化钾溶液的电导率

单位：S·cm⁻¹

| 温度 /℃ | 浓度 | | | |
|---|---|---|---|---|
| | 1.0 mol·dm⁻³ | 0.1 mol·dm⁻³ | 0.02 mol·dm⁻³ | 0.01 mol·dm⁻³ |
| 0 | 0.065 41 | 0.007 15 | 0.001 521 | 0.000 776 |
| 5 | 0.074 14 | 0.008 22 | 0.001 752 | 0.000 896 |
| 10 | 0.083 91 | 0.009 33 | 0.001 994 | 0.001 020 |
| 15 | 0.092 52 | 0.010 48 | 0.002 243 | 0.001 147 |
| 18 | 0.098 22 | 0.011 19 | 0.002 397 | 0.001 225 |
| 20 | 0.102 07 | 0.011 67 | 0.002 501 | 0.001 278 |
| 21 | 0.104 00 | 0.011 91 | 0.002 553 | 0.001 305 |
| 22 | 0.105 94 | 0.012 15 | 0.002 606 | 0.001 332 |
| 23 | 0.107 89 | 0.012 39 | 0.002 659 | 0.001 359 |
| 24 | 0.109 84 | 0.012 64 | 0.002 712 | 0.001 386 |
| 25 | 0.111 80 | 0.012 88 | 0.002 765 | 0.001 413 |
| 26 | 0.113 77 | 0.013 13 | 0.002 819 | 0.001 441 |
| 27 | 0.115 74 | 0.013 37 | 0.002 873 | 0.001 468 |
| 28 | | 0.013 62 | 0.002 927 | 0.001 496 |
| 29 | | 0.013 87 | 0.002 981 | 0.001 524 |
| 30 | | 0.014 12 | 0.003 036 | 0.001 55 |
| 35 | | 0.015 39 | 0.003 312 | |

## 附录 13　1 mol 氯化钾溶于 200 mol 水中的积分溶解热

| 温度 /℃ | 溶解热 /(kJ·mol⁻¹) | 温度 /℃ | 溶解热 /(kJ·mol⁻¹) | 温度 /℃ | 溶解热 /(kJ·mol⁻¹) |
|---|---|---|---|---|---|
| 10 | 19.99 | 17 | 18.78 | 24 | 17.72 |
| 11 | 19.80 | 18 | 18.62 | 25 | 17.57 |
| 12 | 19.64 | 19 | 18.46 | 26 | 17.43 |
| 13 | 19.46 | 20 | 18.31 | 27 | 17.28 |
| 14 | 19.28 | 21 | 18.16 | 28 | 17.15 |
| 15 | 19.11 | 22 | 18.01 | 29 | 17.02 |
| 16 | 18.95 | 23 | 17.86 | | |

## 附录 14　作为表面吸附溶质时分子的截面积

| 分子 | 温度 /℃ | 分子截面积 /nm² | 分子 | 温度 /℃ | 分子截面积 /nm² |
|---|---|---|---|---|---|
| 正丁烷 $C_4H_{10}$ | 0 | 0.446 | 氮 $N_2$ | −195 | 0.162 |
| 苯 $C_6H_6$ | 20 | 0.430 | 氧 $O_2$ | −195, −183 | 0.136 |
| 氩 Ar | −195, −183 | 0.138 | 氢 $H_2$ | −183~−135 | 0.121 |

## 附录 15　一些有机化合物的折射率

| 化合物 | 折射率 $n_D$ | 化合物 | 折射率 $n_D$ |
|---|---|---|---|
| 甲醇 | 1.328 8 | 甲基环己烷 | 1.422 1 |
| 乙醇 | 1.361 1 | 四氯化碳 | 1.460 7 |
| 丙醇 | 1.384 0 | 1,1,2-三氯乙烷 | 1.471 4 |
| 2,2,3-三甲基戊烷 | 1.403 0 | 苯 | 1.501 1 |
| 2,2,4-三甲基戊烷 | 1.391 5 | 硝基苯 | 1.554 6 |
| 2,3,4-三甲基戊烷 | 1.404 2 | 溴苯 | 1.560 2 |
| 乙酸 | 1.371 8 | 1,2,3-三甲基苯 | 1.513 9 |
| 丙酸 | 1.380 9 | 1,3,5-三甲基苯 | 1.499 4 |
| 丁酸乙酯 | 1.399 8 | 1,2,3-三甲基氯苯 | 1.524 7 |
| （正）丁酸 | 1.399 1 | 溴苯 | 1.560 2 |
| 乙酸（正）丁酯 | 1.394 1 | 丙酮 | 1.359 1 |

## 附录 16　常用冷却剂

| 盐类 | | 冷却剂 | | 可达最低温度 /℃ |
|---|---|---|---|---|
| 名称 | 质量 /g | 名称 | 质量 /g | |
| $NH_4Cl$ | 30 | 冰水 | 100 | −5.1 |
| $NH_4Cl$ | 25 | 雪或碎冰 | 100 | −15.4 |
| $NH_4NO_3$ | 106 | 冰水 | 100 | −4.0 |
| $NH_4NO_3$ | 83 | 冰 | 100 | −14.0 |
| $(NH_4)_2SO_4$ | 62 | 碎冰 | 100 | −19.0 |
| $CaCl_2 \cdot 6H_2O$ 晶体 | 20 | 冰 | 100 | −4.0 |
| $CaCl_2 \cdot 6H_2O$ 晶体 | 204 | 碎冰 | 100 | −19.7 |
| $CaCl_2 \cdot 6H_2O$ 晶体 | 164 | 碎冰 | 100 | −39.0 |
| NaCl | 33 | 碎冰 | 100 | −21.3 |
| KCl | 30 | 碎冰 | 100 | −11.1 |

# 主要参考资料

[1] 淳远,邱金恒,王喜章.物理化学实验.2版.北京:高等教育出版社,2023.

[2] 朱志昂,阮文娟,郭东升.物理化学.7版.北京:科学出版社,2023.

[3] 傅献彩,侯文华.物理化学.6版.北京:高等教育出版社,2022.

[4] 曹同玉,刘庆普,胡金生.聚合物乳液合成原理性能及应用.3版.北京:化学工业出版社,2022.

[5] 刘宝友,王淑娟,岳刚.离子液体:制备、性质及应用技术研究.北京:中国石化出版社,2021.

[6] Errol G Lewars.计算化学——分子和量子力学理论及应用导论(影印版).2版.北京:科学出版社,2020.

[7] 张洪林,杜敏,魏西莲,等.物理化学实验.3版.青岛:中国海洋大学出版社,2018.

[8] 钱坤.农药制剂加工实验指导.重庆:西南师范大学出版社,2019.

[9] 崔玉红,赵占芬,梁山,等.基础物理化学实验.天津:天津大学出版社,2018.

[10] 郑新生,王辉宪,王嘉讯.物理化学实验.2版.北京:科学出版社,2017.

[11] 贾能勤,王秀英,黄楚森.物理化学实验.北京:高等教育出版社,2017.

[12] 许新华,王晓岗,王国平.物理化学实验.北京:化学工业出版社,2017.

[13] 冯霞,朱莉娜,朱荣娇.物理化学实验.北京:高等教育出版社,2015.

[14] 陈芳.物理化学实验.武汉:武汉大学出版社,2013.

[15] 宿辉,白青子.物理化学实验.北京:北京大学出版社,2011.

[16] 姚广伟,卜平宇.物理化学实验.2版.北京:中国农业出版社,2010.

[17] 谢修银.物理化学实验.武汉:武汉大学出版社,2010.

[18] 饶震红,高玉霞,杜凤沛.适应新农科需求的基础课"浸润组合式"教学实践.高等农业教育,2021,10(5):101–107.

[19] 蒋风雷,蔡雨萌,邓立志,等.静态法和动态法测量乙醇饱和蒸气压的比较.大学化学,2015,30(4):47–53.

[20] 张来英,陈良坦,李海燕.乙酸乙酯皂化反应的热动力学实验.大学化学,2015,30

(2): 56-60.

[21] Curtiss L A, Redfern P C, Raghavachari K. Gaussian-4 theory. J Chem Phys. 2007, 126, 084108.

[22] Curtiss L A, Raghavachari K, Redfern P C, et al. Gaussian-3(G3) theory for molecules containing first and second-row atoms. J Chem Phys, 1998, 109: 7764-7776.

[23] Curtiss L A, Raghavachari K, Trucks G W, et al. Gaussian-2 theory for molecular energies of first- and second- row compounds. J Chem Phys, 1991, 94: 7221-7230.

[24] Pople J A, Head-Gordon M, Fox D J, et al. Gaussian-1 theory: A general procedure for prediction of molecular energies. J Chem Phys, 1989, 90: 5622-5629.

## 读者意见反馈

为收集对教材的意见建议，进一步完善教材编写并做好服务工作，读者可将对本教材的意见建议通过如下渠道反馈至我社。

咨询电话　400-810-0598

反馈邮箱　hepsci@pub.hep.cn

通信地址　北京市朝阳区惠新东街 4 号富盛大厦 1 座
　　　　　高等教育出版社理科事业部

邮政编码　100029